명사독파

영어의 싱크홀을 채우는 힘

유지훈

궁금증은 유익하다Why?

영어를 공부할 때는 호기심이 필요하다. 학창시절에는 선생님이 가르쳐 주는 지식을 곧이곧대로 받아들였다. '왜 그런가Why?'를 곰곰이 따져보고 물음의 답을 찾았다면 모든 면에서 지금보다는 낫지 않았을까 싶다. 영어의 이치를 깨닫기 전이니 무엇에 방점을 두고 의문을 가져야 할지도 막막하던 때라 그러지 못했을 것이다.

pay a visit to = visit

'pay a visit to'가 동사 'visit'과 같다는 것을 배웠을 때 'visit'이라 쓰면 될 것을 왜 굳이 'pay'와 'to'를 붙였을까 고민한 적은 없었다. 단어/숙어 외우듯 그냥 암기하면 그만이라 배웠고 당시에는 그걸 전혀 이상하게 여기지 않았으니까. 그냥 흘려들어도 누구 하나 대수롭게 생각지 않을 사실이 영어를 보는 눈의 '시력'을 올려준다면?

교사 'pay a visit to'는 'visit'와 같은 말이니까 그냥 외워라.
학생 …

여기서 관점을 달리하면 'a visit'는 명사지만 동사로 바꾸어 생각하면 동사 'visit'와 같다는 건 가르치지 않아도 된다. 아울러 'pay a visit to'라는 숙어(연어)를 몰라도 글을 이해하는 데는 조금도 무리가 없을 것이다.

학생 A pay a visit to her home? 'pay' 가 '돈을 낸다' 는 뜻인가?

학생 B pay a visit to her home? 명사 'visit(방문)' 를 동사(방문하다)라고 생각하면
'집을 찾아갔다' 는 이야기군. pay는 넘어가도 되는 단어고 …

동사를 명사로 바꾸어 쓰는 이유

동사는 문장의 숫자를 결정하는 품사인 즉, 동사가 많아지면 문장의 수도 늘어
난다.

Tom knows that she is picky. And that made him annoyed.
톰은 그녀가 까다롭다는 사실을 안다. 그리고 그 사실이 그를 짜증나게 했다.

'절(clause, 주어+동사)'은 '동사'가 결정하고 '절의 수 = 동사의 수(조동사는 예외)'
라는 항등식이 성립한다. 동사는 'knows,' 'is,' 'made' 세 개니까 '절'도 세 개라
야 옳은데 석 절을 연결하려면 접속사는 (이음새 역할을 하므로) 두 개(3-1=2)가 있어
야 할 것이다. 이를 공식으로 만들면 다음과 같다.

문장의 수	=	(대문자로 시작하여) **마침표의 수**
절(주어+동사)의 수	=	동사의 수
접속사의 수	=	동사의 수-1(절≧2)

3절의 접속사는 'that(종속접속사)'과 'and(등위접속사)' 둘 뿐이다. 그럼 이번에는 위의
두 문장을 하나로 합쳐보자. 앞서 밝혔듯이, 문장은 마침표의 수와 동일하다.

That Tom knows that she is picky made him annoyed.

두 문장을 결합했으나 동사가 셋이기 때문에 접속사는 여전히 둘(앞의 'that' 과 가운데 'that')이다. 문장은 하나인데 접속사가 둘씩이나 자리를 잡으면 문장이 길어지므로 '언어의 경제성'은 떨어지게 마련이다.

언어의 '경제'는 동사가 불어날수록 '침체'한다. 언어의 진화는 이 한계를 극복하기 위해 동사를 선택했고 '동사'는 자신을 버려 '명사'의 형상을 갖게 된 것이다.

His knowledge of her pickiness **made** him annoyed.

어떤가? 이제 동사는 하나(made)밖에 없다. 마침표도 하나다. 그러니 절과 문장은 모두 하나가 되었다. 누락된 내용도 없고 문장도 더 간결하고 깔끔해졌다.

동사가 명사로 진화될 수밖에 없었던 까닭은 언어의 '경제성' 때문이다. 글을 쓸 땐 이처럼 경제성을 최대한 살려야 하지만 쓴 글을 이해할 때는 역발상이 필요하다. 위 예문에서 가장 읽기가 어려운 문장은 몇 번째인가?

1 Tom knows that she is picky. And that made him annoyed.
2 That Tom knows that she is picky made him annoyed.
3 His knowledge of her pickiness made him annoyed.

3번 문장이 이해하기가 가장 어려울 것이다. 경제성을 살리면 의미 파악은 되레 어려워진다. 역발상이 필요한 이유를 알겠는가? 어구의 모체는 동사와 명사 중에서 동사가 단연 먼저다. 동사가 먼저 생겨난 후 접두사나 접미사 혹은 형태를 바꿔 명사가 나타나게 된 것이니 (파생)명사를 원형인 동사로 이해하면 문장이 한결 더 쉽게 읽힌다.

따라서 『명사독파』를 관통하는 철칙은 …

1. 명사는 동사로 바꿔서 생각한다.
2. 주어와 목적어를 찾는다(주어나 목적어가 없을 때도 있다).

이 철칙이 90%라면 다양한 문장에 이 원칙을 적용해 보는 것이 10%를 차지한다. 보시다시피, 원칙은 간단하지만 직접 연습을 해봐야 자유자재로 적용할 수 있다.

The wise lawyer's examination of the young man was carried out very quietly and very effectively.

lawyer 변호사
examination 심문
carry out 실시하다
quietly 조용하게
effectively 효과적으로

중학교 3학년 교과서에(교학사) 실린 문장을 약간 바꿔서 적어보았다. 분명히 말해두지만, 단어의 뜻을 몰라 아이디어를 파악하지 못하는 것은 아니다. 문제는 '~의'로 번역하는 단어가 중복─소유격을 나타내는 's(아포스트로피 에스)와 전치사 'of'─됐다는 데 있다. 그러니 '변호사의(lawyer's)'와 '젊은이의(of the young man)'가 충돌하므로 도통 무슨 말인지 모르는 것이다. 그러면 명사를 추려보자.

'lawyer,' 'examination,' 'man'

동사에서 비롯된 명사는 무엇인가?

'examination'이다. 'examination'은 동사 'examine'에서 파생되었으니 ①
'심문examination'을 '심문하다(추궁하다)examine'로 바꿔서 생각하면 된다. 그러고
나서 ② 주어와 목적어를 찾으면 끝이다. 즉, '누가' '누구를' 심문했는지 밝히면
된다는 것이다. 별도의 '특수 장치(나중에 언급하기로 한다)'가 없으면 앞쪽에 있는 말이
주어가 될 공산이 크다. 따라서 문장의 큰 틀은 이렇게 잡으면 된다.

> 파생명사 examination(심문했다)
> 누가(주어)? the wise lawyer(지혜로운 변호사가)
> 누구를(목적어)? the young man(젊은이를)

The wise lawyer's examination of the young man ....
지혜로운 변호사는 젊은이를 심문했다 ….

명사를 동사로 바꾸면 원래 있던 동사는 신경 쓰지 않아도 된다. 이럴 땐 동사
'be carried out'은 과감히 버린다. 이렇게 가지를 쳐버리고 나머지를 결합하면 뜻
이 완성된다.

**The wise lawyer's examination of the young man was carried out very
quietly and very effectively.**

> ⇨ 지혜로운 변호사는 조용히 효과적으로 젊은이를 심문했다. (직역)
> ⇨ 현명한 변호사는 조곤조곤 능숙하게 젊은이를 추궁했다. (다듬은 글)

어떤가? 한 문장만으로는 응용력이 생기진 않겠지만 세 가지 원칙(파생명사, 주어, 목적어 파악하기)으로 문장을 읽으면 웬만한 글은 무난히 이해할 수 있을 것이다.

... a government of the people, by the people, for the people ...

링컨 대통령이 남긴 말이다. 뭔가 의미심장한 메시지를 던지는 듯싶지만, 따지고 보면 무슨 소린지 잘 몰라 링컨 대통령께 재차 여쭈어 봐야할 그런 말이다. 필자가 위 글의 뜻을 몇몇 사람에게 물어본 적이 있는데 그때 답변도 각양각색이었다.

문제는 애매모호한 번역문에 있다. 교과서나 서적을 뒤져보더라도 획일적인 번역뿐이며 이를 속 시원히 설명해주는 사람도 거의 없었던 것 같다. 동사가 없는 명사문이기에 우리말로 옮기기가 쉽지는 않았을 것이다.

국민의, 국민에 의한, 국민을 위한 정부

'국민의of the people'와 '국민에 의한by the people'의 의미가 모호하다. 전치사를 기계적으로 옮겨놔서 아이디어가 분명치 않은 것이다. 앞서 명시한 두 가지 원칙에 따라 링컨 대통령의 마음을 헤아려 보자.

a government of the people, by the people, for the people ...

파생명사 'government(정부)' ⇨ 'govern(다스리다)'
누가 by the people(국민이)
무엇을 of the people(국민을)

⇨ 국민이 국민을 다스린다. (누구를 위해For whom?) 국민을 위해

여기서 한 가지 주의해야 할 점이 있다. 위의 예는 'people'이 중복된 탓에 'of the people'이 주어인지 'by the people'이 주어인지가 헷갈릴 터인데, 그럴 땐 'by the people'을 주어라고 생각해야 옳다. 그 근거는 수동태를 알고 있다면 어렵지 않게 이해할 수 있을 것이다.

주어(S)+동사(V)+목적어(O)

⇨ 목적어(O)+be+과거분사(pp)+by+주어(S)

목적어는 '주어' 자리에, 그리고 주어는 보통 'by' 다음에 붙였다고 배웠다. 따라서 'by+명사'는 무조건 '주어를 나타내는 기능a subject signal'겠거니 생각하자. 한 가지만 더 적용해 보자.

The destruction of local businesses by supermarkets is global.

파생명사 destruction⁽파괴⁾ ⇨ destroy⁽파괴하다⁾

주어기능 supermarkets⁽슈퍼마켓이⁾

목적기능 local businesses⁽동네 구멍가게를⁾

⇨ 슈퍼마켓이 동네 구멍가게를 죽이고 있다, 전 세계적으로global.

'by'이하를 주어로 보면 아이디어를 정확히 파악하는 데 아무런 문제가 없다. 경우에 따라 'of'이하가 주어가 될 때도 있으나 그건 'by'가 없을 때 그렇다는 것이다. 명사를 동사로 간주하며 읽어야 하는 이유를 알겠는가?

make an effort to ⇨ 노력effort하다

take a walk ⇨ 산책walk하다

make a decision ⇨ 결정decision하다

have a conversation ⇨ 대화conversation하다

pay attention to ⇨ 집중attention하다

pay a visit to ⇨ 방문visit하다

take a look at ⇨ 보다look

명사를 동사로 전환하는 것은 듣도 보도 못한 새로운 원리가 아니지만nothing new 이를 확대/적용하진 못했다. 궁금하지 않았기 때문에, 무작정 닥치는 대로 외우기만 했으니까. 명사는 아이디어를 '압축파일'에 담은 말이므로 이를 풀어서 읽어야만 정확하고 이해하기 쉬운 것이다.

끝으로, 필자는 가르치는 모든 사람이 이 책을 정독하길 권한다. 영어를 가르치면서 '이건 어떻게 이해시켜야 할까' 고민했던 2%가 해결될지 모른다는 희망 때문이랄까. 배워서 남을 줘야 하는 사람이 가르치는 사람인데 나 역시 예외는 아닐 것이다.

of the people, by the

2부 목적어 기능Object Signals

원 포인트 레슨

3부 응용연습practice

원 포인트 레슨

= A be followed by B

eople, for the people

1부
주어 기능 Subject Signals

원 포인트 레슨
단어의 조합원리

Subject

signals

파생명사를 밝히고 주어의 기능을 하는 신호signals를 구분해서 설명한 뒤에 문장을 확장하는 수순으로 정리할 것이다. 필자가 전달하려는 원리를 파악해보라.

01 Irena's arrival

'아이리나의 도착?'

'도착arrival'을 '도착하다arrive'로 생각한다. 그러면 자연히 '누가' 도착했는지 궁금해질 것이다. 아이리나가 도착한 것이니 명사 'arrival'의 주어는 '아이리나Irena'다. 따라서 파생명사는 'arrival'이고 's는 주어 기능을 하는 시그널인 셈이다.

파생명사(Derivative Noun) **arrival**(도착 ⇨ 도착하다)

주어신호(Subject Signal) **'s**(아이리나의 ⇨ 아이리나가)

한 단어를 덧대면 ...

before Irena's arrival

아이리나가 도착하기 전에

Kate's team was notified two days *before Irena's arrival.*

= Kate's team was notified two days before Irena arrived.

케이트의 팀은 통지를 받았다 / 아이리나가 도착하기 이틀 전에

* notify 통지하다 / be notified 통지를 받다

02 her suspicions

그녀의 의심?

여기서 파생명사는 suspicion. 즉, '의심'은 '의심하다'로 이해한다. 그럼 'her'은 주어 기능을 하는 ss(subject signal, 주어신호)이므로 '그녀가 의심하다'로 보면 된다.

파생명사DN suspicion(의심 ⇨ 의심하다)

주어신호SS her(그녀의 ⇨ 그녀는/가)

Irena told Kate of her suspicions

아이리나는 케이트에게 말했다 / 그녀가 의심한다고(무엇을?)

문장을 좀더 이어가면 ...

Irena told Kate / of her suspicions / that Kate was undermining her.

아이리나는 케이트에게 말했다 / 그녀가 의심한다고 / 케이트가 그녀(아이리나)의 사기를 꺾고 있는 것은 아닐까 하며

* undermine (사기를) 꺾다

03 South Korea's rapid urbanization

'한국의 급속한 도시화'도 틀린 것은 아니지만 …
우선 urbanization을 동사 urbanize로 생각한다. '도시화'를 '도시화되
다/도시가 많아지다' 정도로 바꾸면 어떨까? 그러면 rapid는 형용사지만
부사 기능(급속히)을 하게 된다. 여기서도 아포스트로피 에스('s)가 주어
기능을 한다. '한국은 급속도로 도시화되었다.'

DN urbanzation(도시화 ⇨ 도시화되다/도시가 많아지다)
SS 's(한국의 ⇨ 한국은/이)

Despite South Korea's rapid urbanization
한국은 급속도로 도시화되었지만

Despite South Korea's rapid urbanization, / a quarter of people
over 70 still live with their children.
한국은 급속도로 도시화되었지만 / 70이 넘는 노인 중 4분의 1은 아직도 자녀와 함께 살고 있다.

04 a 2011 survey by the National Pension Research Institute

국민연금연구원NPRI에 의한 2011년(설문)조사?
'survey'는 '조사'가 아니라 '조사하다'로 보면 by 이하가 주어 기능을 하
게 된다. 누가 조사했는가? 국민연금연구원이다.

DN survey(조사 ⇨ 조사하다)
SS by(연구원에 의한 ⇨ 연구원이)

according to a 2011 survey by the National Pension Research
Institute ...

2011년 국민연금연구원이 조사한 바에 따르면 …

3과 4를 이어보면 이렇다.

Despite South Korea's rapid urbanization, / a quarter of people
over 70 still live with their children, / according to a 2011 survey
by the National Pension Research Institute.

2011년 국민연금연구원이 조사한 바에 따르면, 한국은 도시화가 급격히 진행되었음에도 70세
이상 인구 중 4분의 1은 아직도 자녀와 한 지붕에 사는 것으로 나타났다.

05 a huge argument

커다란 논쟁?
'argument'가 파생명사이므로 'argue'로 바꾸어 생각한다. '말다툼'에서
'말다툼하다'로 전환.

DN argument(말다툼 ⇨ 말다툼하다)
SS 없음

무엇을 두고 싸웠을까?

a huge argument about money
돈 때문에 격렬히 다투었다

문장을 확장해보자.

They were off into a huge argument about money.
그들은 돈 때문에 심하게 다투었다.

주어(they)가 명시되었기 때문에 굳이 덧붙이진 않았다. 본문에 과거형(were)이 있기 때문에 '다투었다'고 옮긴 것이다. argument를 argue(다투었다)로 바꾸었다면 'be off into'는 생각하지 않아도 된다.

They were off into a huge argument about money.
그들은 돈 때문에 심하게 다투었다.

All of a sudden they were off into a huge argument about money.
갑작스레 그들은 돈 문제로 심하게 다투었다.

06 discoveries of science

과학의 발견?
discoveries를 discover로 바꾸면 '발견하다(혹은 발견한 것)'이니 '무엇이/누가' 발견했는가? '과학'이 발견했다. 따라서 과학science에 딸린 'of'는 주어 기능을 하는 SS.

DN discoveries(발견 ⇨ 발견하다/발견한 것)
SS science(과학의 ⇨ 과학이)

"과학이 발견한 것"

Among the discoveries of science ...
과학이 발견한 것 중 …

Among the discoveries of science, / quite a few (discoveries) have been made by accident.
과학이 발견한 것 중 다수는 우연히(발견한) 것이다.

07 discussions between the two governments

두 정부 사이의 토론?
파생명사는 'discussion'이므로 동사 'discuss(토론하다)'로 바꾸어 생각한다. 그럼 누가 토론하는가? 두 정부일 것이다.

DN discussions(토론 ⇨ 토론하다)
SS between(두 정부 사이의 ⇨ 두 정부가)
discussions between the two governments
두 정부가 토론했다

There have been intensive discussions between the two governments / in recent days.

intensive 집중적인 / in ~동안

두 정부가 집중적으로 토론해왔다 / 최근 며칠 동안

명사 discussions를 동사로 바꾸었으니 intensive는 형용사가 아니라 부사(집중적으로)로 생각한다. have been(현재완료)을 썼으므로 '토론해왔다'고 본다. 이때 There have been은 생략해도 된다. 문장에는 꼭 필요하지만 아이디어를 파악하는 데는 필요하지 않다는 이야기다. 오해하면 큰일!

08 a misjudgment on the part of the government

정부의 부분에서의 오판?

파생명사를 찾고 주어를 찾으면 끝이다. 원리는 단순하다. 우선 'misjudgment'의 '오판'을 '오판하다'로 바꾸어 생각한다. 그럼 누가 오판하는가? 정부가 오판하니 'on the part of'는 주어 기능을 하는 SS로 봄직하다.

DN misjudgment(오판 ⇨ 오판하다)
SS on the part of(정부의 부분에서 ⇨ 정부가)

a misjudgment on the part of the government
정부가 오판하다

This was a misjudgment on the part of the government.
이는 정부가 오판한 것이다.

09 mutual forbearance

상호적인 관용?

forbearance는 '관용'이므로 '관용을 베풀다'로 풀어쓰면 되는데, 문제
는 mutual이다. 영한사전에는 '상호간의' 혹은 '공동의'라 하여 약간 애
매할 수 있으니 영영사전(코빌드)을 보자.

You use mutual to describe a situation, feeling, or action that is
experienced, felt, or done by both of two people mentioned.

앞서 언급한 두 사람이 했거나 겪었거나 느꼈던 행동이나 상황 혹은 감정을 가리킬 때 'mutual'
을 쓴다.

따라서 '둘이' 혹은 '서로가' 혹은 '쌍방이'로 보면 될 듯싶다.

DN forbearance(관용 ⇨ 관용을 베풀다/너그럽게 봐주다)
SS -al(형용사형 어미)(상호적인 ⇨ 둘이/서로가/쌍방이)

mutual forbearance

서로가(쌍방이) 관용을 베푼다

It requires mutual forbearance.

그러려면 서로가 관용을 베풀어야 한다.

동사 require는 문장의 뉘앙스를 결정한다. '반드시, 꼭 ~을 해야 한다'
는 의무를 나타내므로 '관용을 베풀어야 한다'고 옮긴 것이다.

10 global growth

세계적인 성장?

파생명사는 'growth'인데 이것만 보면 '증가'를 나타내는지 '성장'을 나타
내는지 딱히 알 수 없으므로 단서가 없을 때는 두 가지를 모두 감안해야
하지만 'global'이 주어의 기능을 하므로 성장이 더 어울릴 것이다.

DN growth(성장 ⇨ 성장하다)

SS -al(형용사형 어미)(전 세계의 ⇨ 전 세계가)

S contributed to global growth

S는 전 세계가 성장하는 데 기여했다

= S 때문에(덕분에) 전 세계가 성장했다.

동사 contribute to는 원인을 나타내는 어구로 많이 쓴다. 인과관계를
나타내므로 '기여했다'를 고집할 필요는 없다. 고집해서도 안 되고.

"The employment of women has contributed to global growth."

여성의 고용(?)으로 전 세계가 성장했다.

= 여성을 고용한 결과 전 세계가 성장했다.

* employment of women / 여성을 고용하다

파생명사**DN** employment(고용 ⇨ 고용하다)

목적어신호**OS** of(여성의 ⇨ 여성을)

문장을 좀더 확장해보자.

The Economist has calculated that on a global basis, "the employment of women in developed economies has contributed much more to global growth."

의미단위로 끊어보면

The Economist has calculated / 『이코노미스트』는 추산했다
that on a global basis, / 전 세계를 기준으로(전 세계적으로)
"the employment of women / 여성을 고용했더니(어디서?)
in developed economies / 선진국에서
has contributed much more / 그 결과
to global growth / 전 세계가 (훨씬 더) 성장했다

『이코노미스트』의 추산에 따르면, "선진국에서 여성을 고용한 결과 전 세계가 훨씬 더 성장했다" 고 한다.

Preview를 정리해보자. 파생명사의 주어를 나타내는 신호로는 형용사 나 소유격, 전치사(of, among, between, by, etc.) 등이 있다.

Chapter 1

01 With the spread *of* Islam in the seventh century, the Byzantine empire entered a time of instability.

02 The ordinary self-control *of* the average adult is achieved only through knowledge that no sympathy will be won by making a loud complaint.

03 We might as well attempt to reverse the motion *of* the earth on its axis as attempt to reverse the industrial progress and send men back into the age of homespun.

04 A slight slip *of* his hand would have meant instant death for the patient.

05 No man has made a great success *of* his life by doing merely his duty.

06 When this assumption was tested during the slowdown *of* the global economy in 2007~08, it suddenly collapsed and the bankers had an unpleasant encounter with reality.

07 Such a snail's pace is a disgrace *of* the biological sciences.

08 The ease and affordability *of* international travel made even the most remote areas of the world accessible to businesspeople and tourists; the revolution in information technologies brought knowledge and real-time news about distant places to many millions of people.

09 This piece of good news soon traveled around the world and added greatly to the reputation *of* the young scientist.

10 If the countries possessing the deadly weapons increase, the control of the weapons will become so much more difficult, resulting in the emergence *of* nuclear anarchy and increasing the danger of a nuclear war.

01 With the spread *of* Islam in the seventh century, the Byzantine empire entered a time of instability.

spread 확산
empire 제국
instability 불안정

풀어읽기

With the spread of Islam / 이슬람이 확산되자
in the seventh century, / 7세기에
the Byzantine empire entered / 비잔틴 제국은 진입했다
a time of instability. / 불안정 시대로(불안정해졌다)

* 'the spread of Islam'을 '이슬람의 확산'보다는 '이슬람이 확산되었다'고 보면 파생명사는 'spread'가 되고 전치사 'of'는 주어를 가리키는 신호가 될 것이다. 즉, 주어는 이슬람이다. a time of instability도 불안정 시대로 풀이해도 크게 틀리진 않지만 instability를 파생명사로 보고 이를 동사로 고쳐 '불안정해졌다'고 이해한다면 'entered a time of'는 건너뛰어도 문장을 이해하는 데는 아무런 지장이 없다.

DN spread(확산 ⇨ 확산되다) / instability(불안정 ⇨ 불안정해지다)
OS ×
SS of(이슬람의 ⇨ 이슬람이)

⇨ 7세기에 이슬람이 확산되자 비잔틴 제국은 불안정해졌다.

02 The ordinary self-control **_of_** the average adult is achieved only through knowledge that no sympathy will be won by making a loud complaint.

끊어읽기

The ordinary self-control / 보통 자제력은
of the average adult / 일반 성인의
is achieved / 얻어진다
only through knowledge / ~을 알아야만
that no sympathy will be won /
동정을 얻을 수 없다는 사실을(아무도 동정해주지 않는다)
by making a loud complaint. / 큰소리로 불평해도

* 'self-control of the average adult'에서 'self-control'은 '자신을 제어한다'는 뜻이므로 'self'는 목적어 기능을 한다. 이때 'of'는 자신을 제어하는 주체를 가리키므로 주어신호로 봄직하다. 따라서 본문은 '성인은 자신을 통제하게 된다'는 뜻이다. 'only through knowledge'는 동사구로 'only by knowing that' 정도로 바꿀 수 있다. '~을 알아야만 자신을 제어할 수 있게 된다'는 것이다. 끝으로 'making a loud complaint'는 동사구 'complain loudly'로 전환한다.

DN control(제어 ⇨ 제어하다) / **knowledge**(지식 ⇨ 알다)
　　complaint(불평 ⇨ 불평하다)
OS self(자기 ⇨ 자신을) / **that**(동정을 얻을 수 없다는 사실을)
SS of(일반적인 성인의 ⇨ 보통 어른은)

⇨ 보통 어른은 큰소리로 불평해도 누구 하나 동정해주지 않는다는 사실을 알아야만 자신을 제어하는 능력이 생긴다.

03 We might as well attempt to reverse the motion *of* the earth on its axis as attempt to reverse the industrial progress and send men back into the age of homespun.

might as well A as B
B하느니 차라리 A하는 편이 낫다
reverse 뒤바꾸다
motion 움직임
axis 축
attempt to ~을 시도하다
industrial progress 산업발전
homespun 가내수공업

끊어읽기

We might as well attempt / 차라리 시도하는 편이 낫다
to reverse the motion / 거꾸로 움직이게 하려고
of the earth on its axis / 축을 중심으로 지구를
as attempt to reverse / 돌리려 하느니
the industrial progress / 산업이 발전하는 것을
and send men back / 그래서 사람을 돌려보내느니
into the age of homespun. / 가내수공업 시대로

* 'reverse the motion of the earth'는 지구의 움직임을 거꾸로 돌린다는 뜻인데 'motion'을 움직이게 하다(타동사)로 전환하면 'of'는 목적어를 가리키는 신호가 될 것이다. 바꾸어 말하면, '지구를 거꾸로 움직이게 한다'는 뜻이다. 아울러 'industrial progress'는 산업발전으로, '산업이 발전한다'로 이해할 수 있으므로 형용사(industrial)는 주어를 가리키는 신호가 된다.

DN motion(움직임 ⇨ 움직이게 하다) / **progress**(발전 ⇨ 발전하다)
OS of(지구의 ⇨ 지구를)
SS industrial(산업의 ⇨ 산업이)

⇨ 산업이 발전하는 것을 뒤집어 인간을 가내수공업 시대로 돌려보내느니 차라리 축 위의 지구를 거꾸로 자전하게 하는 편이 나을지도 모르겠다.

04 A slight slip *of* his hand would have meant instant death for the patient.

slight 약간의
slip 놓침, 미끄러짐
mean-meant-meant 의미하다
instant 즉각의

끊어읽기

A slight slip / 살짝 놓치면
of his hand / 그의 손이
would have meant / 뜻할 수도 있다
instant death / 즉사한다는 것을
for the patient. / 환자가

* 명사를 동사로 바꿀 뿐 직설법이나 가정법은 그대로 봐야 한다.(가정/질설)법은 동사를 보면 알 수 있는데 본문은 'would have meant' 즉, 가정법 과거완료이므로 과거로 풀이해야 한다. '즉사했을지도 모를 일'이라는 뜻이다. 파생명사는 'slip'과 'death'인데 둘 다 자동사(slip/die)에서 비롯된 어구이므로(목적어는 쓰지 않는다) 주어신호가 뒤따를 거라고 예상할 수 있다. 명사를 동사로 바꾸면 'slight'와 'instant'는 형용사지만 부사적인 의미인 '살짝, 즉시'로 이해한다.

DN slip(놓침 ⇨ 놓치다) / **death**(죽음 ⇨ 죽다)
OS ×
SS of(그의 손의 ⇨ 그의 손이) / **for**(환자에게는 ⇨ 환자가)

⇨ (의사의) 손이 살짝 미끄러지기만 해도 환자는 즉사했을지 모른다.

05 No man has made a great success *of* his life by doing merely his duty.

make a great success 대성하다
merely 단지
duty 의무
by ~ing ~을 함으로써

끊어읽기

No man has made a great success / 크게 성공한 사람은 없다
of his life / 인생이
by doing merely his duty. / 단지 의무를 이행해서

* 'success(성공)'를 동사 'succeed(성공하다)'로 바꾸면 'make a success'와 같고 'great'은 형용사에서 부사로 바뀐다. 무엇이 성공하는가? 사람의 인생his life이다. 영작을 위해서는 'make a great success(대성하다)'를 하나의 표현으로 암기해 두어야 한다.

DN success(성공 ⇨ 성공하다)
OS ×
SS of(그의 인생의 ⇨ 그의 인생이)

⇨ 의무만(겨우) 이행해서 인생이 크게 성공한 사람은 여태 없었다.

06 When this assumption was tested during the slowdown *of* the global economy in 2007~08, it suddenly collapsed and the bankers had an unpleasant encounter with reality.

assumption 가설
be tested 시험대에 오르다
slowdown 둔화
collapse 붕괴(하다)
banker 은행가
unpleasant 불쾌한
encounter 맞닥뜨림(맞닥뜨리다)

끊어읽기

When this assumption was tested / 이 가설은 시험대에 올랐다
during the slowdown / 둔화되는 동안
of the global economy in 2007–08, / 2007~08년 세계경제가

it suddenly collapsed / 그것(서브프라임 모기지)은 갑자기 붕괴되었고

and the bankers had an unpleasant encounter /
은행가는 불쾌하게 맞닥뜨렸다

with reality. / 현실과

* 'slowdown of the global economy'에서 'slowdown'이 파생명사이고 of는 '둔화되다'의 주체를 가리키므로 주어신호가 된다. 따라서 '세계경제가 둔화된다'로 봄직하다. 두 번째 파생명사는 'encounter'인데 동사에 주목해야 영작에 도움이 된다. 'have an unpleasant encounter with(~과 불쾌하게 맞닥뜨렸다).' 여기서 'encounter'는 타동사로 쓰였으므로 'with'는 목적어신호로 봐야 옳다. 'encounter'는 동사와 모양이 같은데 동사로 쓰일 때는 전치사를 쓰지 않고 'encounter+목적어' 구문을 쓴다는 것이다.

DN slowdown(둔화 ⇨ 둔화되다) / encounter(맞닥뜨림 ⇨ 맞닥뜨리다)
OS with(현실과 함께 ⇨ 현실과)
SS of(세계경제의 ⇨ 세계경제가)

⇨ 2007~08년 세계경제가 둔화되는 동안 이 가설은 시험대에 올랐고, 그것(서브프라임 모기지)이 갑자기 붕괴되자 은행가들은 불쾌한 심기로 현실과 마주하게 되었다.

07 Such a snail's pace is a disgrace *of* the biological sciences.

snail 달팽이
(느리다는 점을 달팽이에 빗댐)
disgrace 불명예
biological science 생물 관련 학문

Such a snail's pace is / 이러한 거북이걸음 때문에
a disgrace /(명예가) 실추되었다
of the biological sciences. / 생물 관련 학문은

* 'biological sciences'는 복수형인 것으로 미루어 생물과 관련된 학문을
두루 가리킨다는 것을 알 수 있다. 바꾸어 말하면 '생물을(bilogical) 연
구하는(science) 학문'이다. 본문에서 파생명사는 'disgrace'로 명예가
실추된다는 뜻이고 'of'는 주어를 암시하는 시그널이므로, 아이디어는 '생
물 관련 학문은 명예가 실추되었다'고 이해하면 된다. 서양의 달팽이는 느
리다는 특징을 비유적으로 쓴 것이므로 '거북이'로 대신했다. 사실 '달팽
이처럼 느리다'는 말은 좀 어색하게 들린다. 그리고 'such'에는 강조하는
뉘앙스가 배어있다.

DN disgrace(불명예 ➡ 명예가 실추되다)
OS ×
SS of(생물 관련 학문의 ➡ 생물 관련 학문은)

➡ 이렇게나 느려 터진 까닭에 생물 관련학문은 명예가 실추되었다.

08 The ease and affordability *of* international travel made even
the most remote areas of the world accessible to businesspeople
and tourists; the revolution in information technologies brought
knowledge and real-time news about distant places to many
millions of people.

ease 편리
affordability(경제적인) 여유
international 국제적인(나라간의)
remote 외딴
accessible 접근할 수 있는
information technologies 정보기술(IT)
real-time 실시간
distant 멀리 떨어진

끊어읽기

The ease and affordability / 편리해지고 경제적인 여유도 생기자

of international travel / 국제여행이

made even the most remote areas of the world /
전 세계의 외딴 지역도 대다수는

accessible to businesspeople and tourists; /
사업가와 관광객이 갈 수 있게 되었다 ·

the revolution in information technologies /
(아울러) 정보기술이 비약적으로 발전하자

brought knowledge and real-time news about distant places to
many millions of people. / 외딴 지역을 수백만에게 알리고 생중계도 할 수 있게 되었다

* 글쓴이의 지적 수준을 느낄 수 있는 글이다(앨 고어Al Gore의 글). 물론 문
장이 길다고 해서 수준이 높은 것은 아니다. 파생명사의 개념을 모르는
사람(머릿속에 프로그램화되지 않은 사람)이라면 아이디어를 파악하는
데 어려움을 겪을 듯싶다. 파생명사가 많이 나오기 때문에 이를 동사로
바꾸면서 아이디어를 차근차근 정리해 나간다면 무난히 파악할 수 있을
것이다.

'easy'와 'affordability'는 'easy'와 'affordable'에서 파생된 명사다. 편리해지고 경제적인 여유가 생겼다는 뜻으로 풀이할 수 있다. 그리고 'international travel'에서 'international'은 형용사로 '국가와 국가 사이'라는 뜻이 담겨있으므로, 국가에서 다른 국가로 이동하는 일이 편리해지고 그럴 여유도 생겼다는 것이다. 'ease'와 'affordability'가 주어이므로 물주구문인 즉, 인과관계를 나타내는 부사로 풀이했다.

'accessible'은 접근할 수 있다는 뜻이므로 쉽게 말해 '갈 수 있게 되었다'는 말이다. 'revolution(혁명)'도 파생명사인데 이를 동사적인 의미로 바꾸면 '크게 발전했다' 정도로 풀어쓰면 될 것 같다. 세미콜론(;)이 접속사의 역할을 하기 때문에 이를 중심으로 두 문장이 연결되고 있다. 물주구문이 재차 연결되어야 자연스러운 문장이 된다. '크게 발전한 것 revolution'이 원인이 되어 'knowledge'와 'real-time news'라는 결과로 이어진 것이다. 'bring knowledge to people'도 알아두면 좋겠다.

DN ease(편리 ⇨ 편리해지다) / **affordability**(경제적인 여유 ⇨ 여유가 생기다)
　　travel(여행 ⇨ 여행하다) / **revolution**(혁명 ⇨ 크게 발전하다)
　　knowledge(지식 ⇨ 알리다) / **real-time news**(실시간 뉴스 ⇨ ~을 생중계하다)
OS about(외딴 지역에 대해 ⇨ 외딴 지역을)
SS of(국제여행의 ⇨ 국제여행이) / **in**(정보기술 안에서 ⇨ 정보기술이)

⇨ 해외여행이 편리해지고 그럴 여유도 생기자 기업가와 관광객들은 전 세계 오지까지 찾아갈 수 있게 되었고, 정보기술이 크게 발전하자(언론은) 외딴 지역을 수백만에게 알리기도 하고 생중계도 할 수 있게 되었다.

09 This piece of good news soon traveled around the world and added greatly to the reputation **of** the young scientist.

a piece of news 한 가지 소식
travel 이동하다
reputation 명성

끊어읽기

This piece of good news / 이 희소식은
soon traveled around the world / 곧 전 세계에 전파되어
and added greatly / 크게 보탬이 되었다
to the reputation / 명성에
of the young scientist. / 젊은 과학자의

* 뉴스news를 셀 때는 'piece'를 쓴다. 'news'는 단수형인데 자체로는 셀 수 없는 명사이므로 'piece'를 써서 복수형을 만드는 것이다. 'travel'의 기본적인 아이디어는 비교적 먼 거리를 이동한다는 뜻이다. '여행하다'를 고집해서는 안 된다. 국빈방문이 될 수도 있고 소문이나 뉴스가 확산된다는 의미일 수도 있으니까.

파생명사는 'reputation'이고 'of'는 주어를 암시하므로, '젊은 과학자는 평판이 자자해졌다'고 풀이하면 될 것이다. 이때 added greatly to는 신경 쓰지 않아도 된다. 'reputation'을 동사적인 의미로 전환했기 때문이다.

DN reputation(평판 ⇨ 평판이 자자해지다)
OS ×
SS of(젊은 과학자의 ⇨ 젊은 과학자는)

⇨ 희소식이 전 세계에 전파되자 젊은 과학자는 평판이 자자해졌다.

10 If the countries possessing the deadly weapons increase, the control of the weapons will become so much more difficult, resulting in the emergence *of* nuclear anarchy and increasing the danger of a nuclear war.

possess 보유하다
deadly 살상의
emergence 출현
result in(+결과) ~을 야기하다
nuclear anarchy 핵 무질서 사태
danger 위험(성)
nuclear war 핵전쟁

끊어읽기

If the countries possessing the deadly weapons /
살상무기를 보유한 국가가

increase, / 늘어난다면
the control of the weapons / 무기를 통제하는 것이
will become so much more difficult, / 훨씬 더 어려워질 것이니
resulting in the emergence / 결국 나타나게 될 것이다
of nuclear anarchy / 핵 무질서 사태가
and increasing the danger / 그리고 (위험한) 가능성도 커질 것이다
of a nuclear war. / 핵전쟁

* 'deadly'는 '사람이 죽는다'는 뜻의 형용사다. 파생명사는 'control'과 'emergence'인데 각각 타동사(control)와 자동사(emerge)로 구분되니 그와 연결된 전치사는 'of'로 같아도 전자(control of)는 목적어신호가 되고 후자(emergence of)는 주어신호가 된다. 이를테면, '무엇을 통제 control하고,' '무엇이 나타난다emergence'는 이야기다.

본문에서 'anarchy'는 아무도 법에 관심을 두지 않는 사태를 두고 하는 말이다. 'danger'는 엄밀히 파생명사는 아니지만 동사로 풀어쓸 수 있으니 적절한 의미로 바꾼다. 대개 'danger'는 위험한 사태나 사건이 벌어질 가능성을 시사할 때가 많으므로 'increase the danger'는 '~이 벌어질 가능성이 커진다'로 이해하면 될 것이다. '(원인) result in(결과)'도 기억해두자.

DN control(통제 ⇨ 통제하다) **/ emergence**(출현 ⇨ 나타나다)
　　danger(위험 ⇨ ~이 벌어질 위험이 있다)
OS of(무기의 ⇨ 무기를)
SS of(핵전쟁의 ⇨ 핵전쟁이)

⇨ 살상무기를 보유한 국가가 늘어난다면 무기를 통제하기가 훨씬 더 어려워져, 결국에는 핵 무질서 사태가 빚어지고 핵전쟁이 벌어질 가능성도 커질 것이다.

Chapter 2 's

01 The government's effort to reduce a price rise ...

02 More than 80 historic structures that illustrate the country's evolution from a rural to an industrial society.

03 What has this to do with Lee Kyung Hae's suicide at the WTO?

04 The history of mankind us the history of man's activity.

05 Closely associated with the regression in charity is the decline in men's regard for truth.

06 To call someone a snake speaks to the person's deviousness and backstabbing maneuvers.

07 The power of the term bully in the workplace is illustrated by people's reaction when it is used to label them.

08 According to the employer's own internal investigation report, the complaints about Genoways were merely conflicts between a creative, innovative manager and persons who did not share his views.

09 From a corporate executive's viewpoint, workers have no right to expect job security.

10 Described as "work sessions," in reality they were specific times set aside and used to shake Kate's confidence in her very real competence.

01 The government**'s** effort to reduce a price rise …

effort 노력
reduce 줄이다
rise 증가

끊어읽기

The government's effort / 정부는 노력한다
to reduce a price rise … / 가격이 오르는 것을 낮추기 위해

* 'effort'는 '노력'인데 동사인 '노력하다try'로 바꾸면 'government'는 주어신호가 된다. 따라서 아포스트로피 에스('s)는 주어를 암시하는 기능을 한다. 이밖에도 주어신호로 자주 띄는 것은 전치사 'of'가 있고, 전후 위치로 주어와 목적어를 구분하는 경우도 있다.

'rise'는 명사와 동사의 모양이 같은데 대개는 자동사(목적어가 없는 동사)로 많이 쓰이기 때문에 목적어신호는 없다고 보면 된다. '증가'를 '오르다'로 옮기면 '가격이 오르다'로 풀이할 수 있다.

DN effort(노력 ⇨ 노력하다) / **rise**(증가 ⇨ 오르다)
OS ×
SS 's(정부의 ⇨ 정부는) / **price**(가격 ⇨ 가격이)

⇨ 정부는 가격이 인상되는 것을 낮추려고 안간힘을 쓰고 있다 …

02 More than 80 historic structures illustrate the country's evolution from a rural to an industrial society.

historic 역사적인
structure 건물
illustrate 그리다
evolution 진화, 발달
rural 농업의
industrial 산업의

끊어읽기

More than 80 historic structures / 80가지가 넘는 역사적인 건축물은
illustrate / 보여준다
the country's evolution / 국가가 발전했다는 점을
from a rural / 농업사회에서
to an industrial society. / 산업사회로

* 'evolution'은 진화, 발달이라는 뜻이므로 이를 '발달하다'로 옮기면 country's는 주어신호가 된다. 즉, 국가가 발달했다는 뜻이다.

DN evolution(발달 ⇨ 발달하다)
OS ×
SS 's(국가의 ⇨ 국가가)

⇨ 80가지가 넘는 획기적인 건축물은 국가가 농업사회에서 산업사회로 발전했다는 사실을 보여준다.

03 What has this to do with Lee Kyung Hae's suicide at the WTO?

have to do with ~과 관계가 있다
suicide 자살

What has this to do / 이것이 무슨 관계가 있을까?
with Lee Kyung Hae's suicide / 이경해 씨가 자살한 것과
at the WTO? / 국제무역기구WTO에서

* 'suicide' 같이 '-cide'로 끝나는 어구는 '죽인다'는 뜻을 내포하고 있다.
이를테면, pesticide와 insecticide는 각각 해충과 벌레를 죽이는 '살충
제'라는 뜻이다. 이때 동사로 바꾸어야 할 명사가 suicide인데 이는
'killed himself'로 풀어쓸 수 있다. 명사구의 아이디어는 'Lee Kyung
Hae killed himself at the WTO(절, 문장)'로 이해하면 된다.

DN suicide(자살 ⇨ 자살하다)
OS ×
SS 's(이경해 씨의 ⇨ 이경해 씨가)

⇨ 이경해 씨가 WTO에서 자살했다는 사실과 이것이 무슨 상관이 있을까?

04 The history of mankind is the history of man**'s** activity.

mankind 인류
activity 활동

끊어읽기

The history of mankind / 인류의 역사는
is the history of man's activity. / 인간이 활동한 역사다

* 동사로 바꾸어야 할 명사는 'activity.' '활동'은 '활동하다'로 전환한다. 그러면 man's는 주어를 암시하는 어구가 될 것이다. 누가 활동하는가? 인간man이 활동한다.

DN activity(활동 ⇨ 활동하다)
OS ×
SS 's(인간의 ⇨ 인간이)

⇨ 인류의 역사란 인간이 활동한 역사를 두고 하는 말이다.

05 Closely associated with the regression in charity is the decline in men**'s** regard for truth.

be closely associated with
~과 아주 밀접하다
regression 퇴보
charity 자선

decline 쇠퇴
regard 유념
truth 진리

끊어읽기

Closely associated with the regression /
퇴보했다는 것은 밀접하게 관계가 있다(무엇과?)

in charity / 자선(사업)이

is the decline / 쇠퇴했다는 것과

in men's regard for truth. / 사람이 진리를 유념하려는 마음이

* 짧은 문장에 동사로 전환해야 할 명사가 셋이나 있다. 'regression(퇴보),' 'decline(쇠퇴),' 'regard(유념)'인데 'regression'은 'decline'과 의미상 같다. 이처럼 같은 단어를 쓰지 않고 유사한 단어로 중복을 피하는 것이 글을 잘 쓰는 작가의 특징이다. 두 명사와 같이, 의미가 같은 명사는 전치사도 같은 어구를 쓴다. 본문에서는 둘 다 'in'을 썼고 이는 퇴보한 주체를 일컫는 주어신호로 봄직하다. 무엇이 퇴보하고 쇠퇴했는가? '자선'과 '유념하려는 마음'일 것이다. 전치사 다음에는 항상 명사를 써야 하므로 명사구로 처리하려면 동사는 명사로 고쳐서 써야한다.

본문의 기본형은 'The decline in men's regard for truth is closely associated with the regression in charity.'인데 보어를 강조하기 위해 'closely associated~'를 앞으로 도치시켜 주어와 동사의 위치가 바뀌었다.

DN regression(퇴보 ⇨ 퇴보하다) / decline(쇠퇴 ⇨ 쇠퇴하다)

    regard(유념 ⇨ 유념하다)

OS for(진리를 위해 ⇨ 진리를)

SS 's(사람들의 ⇨ 사람들이)

⇨ 자선(사업)이 쇠퇴하고 있다는 사실은 사람들이 진리를 유념하지 않으려 한다는 방증이다.

06 To call someone a snake speaks to the person's deviousness and backstabbing maneuvers.

> deviousness 솔직하지 않음, 우회
> backstabbing 험담
> maneuver(부정적인) 술책

끊어읽기

To call someone a snake / 별명이 '스네이크(뱀)' 라는 것은
speaks to the person's deviousness / 그가 솔직하지 않고
and backstabbing maneuvers. / 남을(자주) 험담한다는 방증이다

* 파생명사는 'deviousness'인데 이는 형용사 devious에서 파생된 어구
다. 형용사는 목적어를 쓰지 않기 때문에 목적어신호가 없을 공산이 크
다. 이때 주어신호는 앞에 있는 아포스트로피 에스('s)로 봄직하다. '그의
솔직하지 않음(우회)'이 아니라 '그가 솔직하지 않다'로 풀이하면 된다.

DN deviousness(솔직하지 않음 ⇨ 솔직하지 않다)

    backstabbing(험담 ⇨ 험담하다)

OS ×

SS 's(그 사람의 ⇨ 그 사람이)

⇨ 별명이 '스네이크'라는 것은 그가 솔직하지 않고 남을 자주 험담한다는 방증이다.

07 The power of the term bully in the workplace is illustrated by people**'s** reaction when it is used to label them.

term 어구, 용어
illustrate 예증하다
reaction 반응
label(이름을) 부르다

끊어읽기

The power of the term bully / '갑질(왕따)'이라는 말의 힘은

in the workplace / 직장에서 쓰는

is illustrated / 훤히 드러난다

by people's reaction / 사람들이 어떻게 반응하느냐로

when it is used / '갑질'을 쓸 때

to label them. / 그들을 일컫기 위해

* 'reaction'은 동사 'react'에서 비롯된 어구이므로 의미를 원형인 'react(반응하다)'로 바꾼다. 그렇다면 누가 반응하는가? 사람들이 반

응하므로 people's는 주어를 암시하는 신호가 된다. 참고로, 'A be used'는 수동태지만 이를 능동적인 의미로 전환하려면 A를 목적어로 간주하라.

DN reaction(반응 ⇨ 반응하다)
OS ×
SS 's(사람들의 ⇨ 사람들이)

⇨ 직장에서 쓰는 '갑질(왕따)'의 힘은 상대를 '갑질'이라고 부를 때 그들이 어떻게 반응하는지 보면 금세 알 수 있다.

08 According to the employer**'s** own internal investigation report, the complaints about Genoways were merely conflicts between a creative, innovative manager and persons who did not share his views.

> internal 내부의
> investigation 조사, 연구
> complaint 불만, 불평
> innovative 혁신적인
> share 공유하다

끊어읽기

According to the employer's / 고용주가 ~한 바에 따르면
own internal investigation report, / 직접 내부를 조사하여 보고한 바에 따르면
the complaints about Genoways / 제노웨이스를 두고 불만을 토로한 것은
were merely conflicts / 다툰 결과일 뿐이다(누가?)

between a creative, innovative manager and persons /
창의적이고도 혁신적인 관리자와 사람들이

who did not share his views. / 그(관리자)의 견해를 공유하지 않았던

* 우선 'internal investigation report'에 주목해보자. 파생명사가 'investigate'와 'report'이므로 '조사해서 보고했다'로 보면 되고, 'internal'은 형용사지만 의미상 목적어를 가리키니 목적어신호가 될 것이다. 즉, '내부를 조사했다'는 이야기다. 아울러 'own'에는 주어를 나타내는 '고용주(employer's)'가 직접 조사했다는 뉘앙스가 담겨 있다.

'complain'은 동사와 명사의 모양도 같고 전치사도 'about'으로 같다. 따라서 '~에 대한 불평'을 '~을 두고 불평하다'로 이해하면 된다.

DN investigation(조사 ⇨ 조사하다) / complaints(불평 ⇨ 불평하다)
　　　report(보고 ⇨ 보고하다) / conflict(다툼 ⇨ 다투다)
OS internal(내부적인 ⇨ 내부를)
SS 's(고용주의 ⇨ 고용주가) / between(관리자와 사람들 사이에서 ⇨ 관리자와 사람들이)

⇨ 고용주가 내사하여 보고한 바에 따르면, 제노웨이스에 불만을 토로한 것은 창의적이고도 혁신적인 관리자와, 그의 견해를 공유하지 않은 사람들이 다툰 결과일 뿐이라고 한다.

09 From a corporate executive's viewpoint, workers have no right to expect job security.

corporate 기업의
executive 중역
viewpoint 관점
job security 고용안정

From a corporate executive's viewpoint, /
중역의 관점에서 보면(중역은 생각한다)

workers have no right / 직원은 권리가 없다
to expect job security. / 고용안정을 기대할

* 파생명사는 'viewpoint'와 'security' 둘이다. 'viewpoint(관점)'는 동사로 바꾸면 '생각하다' 정도로 풀이할 수 있고 'security'는 '안정되다'라 볼 수 있다. 무엇을 생각하는가? 'workers 이하'를 생각한다고 이해하면 된다. 즉, 직원에게는 권리가 없다는 것이 중역이 생각하는 바라는 말이다.

'job security'는 '고용-(일자리)이 안정된다'는 뜻인데 이를 바꾸어 말하면 '안정된 고용'을 기대할 수 없다고 풀이해도 작가의 의도는 크게 벗어나지 않는다. 이처럼 합성어의 경우에는 단어의 위치를 바꾸어야 의미가 통할 때도 더러 있다.

DN viewpoint(시각 ⇨ 생각한다) / security(안정 ⇨ 안정되다)
OS ×
SS 's(중역의 ⇨ 중역은) / job(일자리 ⇨ 일자리가)

⇨ 직원에게는 안정된 고용을 기대할 권리가 없다는 것이 중역의 입장이다.

10 Described as "work sessions," in reality they were specific times set aside and used to shake Kate's confidence in her very real competence.

끊어읽기

Described as "work sessions," / 소위 '실무회의(워크세션)'라고는 하지만
in reality / 사실상
they were specific times / 그건 시간이나
set aside and used / 별도로 쓰는
to shake Kate's confidence / 케이트는 확신하고 있는데 이를 뒤흔들기 위해
in her very real competence. / 자신(그녀)이 아주 유능하다는 점을 (확신하고 있는데)

* Kate's confidence in her very real competence에 두 개의 파생명사가 숨어있다. 'confidence'와 'competence'는 형용사 'confident'와 'competent'에서 비롯된 어구이다. 확신은 '확신하다'로, 역량은 '유능하다'로 풀이하여 아이디어를 정리하면 '케이트는 자신이 실제로는 아주 유능하다고 자부한다'는 뜻이 된다. 'confidence in'에서 'in'은 무엇을 '확신한다'이므로 목적어신호로 볼 수 있다.

DN confidence(확신 ⇨ 확신하다) **/ competence**(역량 ⇨ 유능하다)

OS in(그녀의 역량 안에 ⇨ 그녀가 유능하다는 것을)

SS 's(케이트의 ⇨ 케이트가) **/ her**(그녀의 ⇨ 그녀가)

⇨ '실무회의'라고는 했지만, 실은 자신이 아주 유능하다고 믿는 케이트의 자부심을 뒤흔들기 위해 마련된 시간이었다.

01 This short-term perspective **on the part of** investors puts pressure on CEOs to adopt similarly short-term perspectives.

02 It was a good effort **on the part of** all the students.

03 A charitable interpretation would be that these companies had long felt besieged by what they perceived as hyperbolic claims **on the part of** environmental activists seeking more regulation of various forms of pollution, and that they developed a habit of reflexively countering any claim of impending harm by going all-out to undermine the credibility of the claims and of those making them.

04 Psychologists and neuroscientists have studied a phenomenon called selective attention—a tendency **on the part of** people who are so determined to focus intensely on particular images that they become oblivious to other images that are present in the fi eld of vision.

05 There is a lot of sympathy for the accused woman **on the part of** the public.

06 He told himself that the story couldn't be true, and that it was some attempted ruse *on the part of* the British.

07 The information was copious and meticulously detailed, and revealed no prejudice *on the part of* the questioner.

08 It would require great labour, not only *on your part*, but also *on the part of* others, to have them understand your thoughts by means of writing.

09 Guarantees *on the part of* the banks must be made to assure the country's citizens that their money is safe during this period of recovery.

10 There has been no shortage of effort *on the part of* John to make sure that this campaign is a success.

01 This short-term perspective ***on the part of*** investors puts pressure on CEOs to adopt similarly short-term perspectives.

short-term 단기적인
perspective 전망
investor 투자자
put pressure on ~에 압력을 주다
CEO 최고경영자
adopt 채택하다, 도입하다
similarly 마찬가지로

끊어읽기

This short-term perspective / 단기적으로 전망함으로써(누가?)

on the part of investors / 투자자들이

puts pressure on CEOs / CEO들을 압박하다

to adopt similarly short-term perspectives. / 역시 단기적으로 전망하도록

* 'perspective'와 'pressure'이 파생명사인데 이를 동사로 전환하면 각각 '전망하다'와 '압박하다'로 바꿀 수 있다. 그러면 'put'은 신경 쓰지 않아도 된다. 본문의 주어는 어떤 행위를 할 수 없는 'perspective'인지라 물주구문으로 보고 부사적(이유)으로 풀이해야 한다. 즉, 투자자가 단기적으로 전망하기 때문에 CEO들이 압박을 느낀다는 것이다. 'on the part of'는 주어를 가리키는 신호이기 때문에 '투자자가' 전망하다로 이해하면 된다.

DN perspective(전망 ⇨ 전망하다) / pressure(압박 ⇨ 압박하다)
OS on(CEO 위에 ⇨ CEO를)
SS on the part of(투자자의 입장에서 ⇨ 투자자가)

⇨ 투자자가 단기적인 전망을 내놓자 CEO들도 그래야 한다는 압박을 받고 있다.

02 It was a good effort ***on the part of*** all the students.

effort 노력

It was a good effort / 열심히 노력했다
on the part of all the students. / 학생 모두가

* 명사 'effort(노력)'을 동사 '노력하다'로 바꾸면 수식어 good은 열심히 노력하다로 보면 된다. 즉, 학생 모두가 열심히 노력했다는 이야기다. 'be'동사 'was'로 미루어 과거형임을 알 수 있다.

DN effort(노력 ⇨ 노력하다)
OS ×
SS on the part of(학생들의 입장에서 ⇨ 학생들은)

⇨ 학생 모두가 열심히 수고했다.

03 A charitable interpretation would be that these companies had long felt besieged by what they perceived as hyperbolic claims ***on the part of*** environmental activists seeking more regulation of various forms of pollution, and that they developed a habit of reflexively countering any claim of impending harm by going all-out to undermine the credibility of the claims and of those making them.

charitable 너그러운
interpretation 해석
besieged 공세를 당하다
what they perceived as 이른바
hyperbolic 과장된
claims 주장
seeking = trying
regulation 규제
pollution 오염
reflexively 반사적으로
counter 대응하다
impending 임박한
go all-out 안간힘을 쓰다
undermine 저해하다
credibility 신빙성

끊어읽기

A charitable interpretation would be / 완곡히 해석하자면
that these companies had long / 이 기업들은 오랫동안
felt besieged / 공세를 당했을 것이다
by what they perceived as / 이른바
hyperbolic claims on the part of environmental activists /
환경운동가가 과장해서

seeking more regulation / 걸핏하면 규제부터 하려고
of various forms of pollution, / 갖가지 오염물을
and that they developed a habit / 그래서 습관이 생겼다는 것이다
of(=) reflexively countering any claim / 주장에 반사적으로 대응하는
of impending harm / 피해가 임박했다는(주장에 대해)
by going all-out / 전력을 다함으로써
to undermine the credibility of the claims / 주장의 신빙성을 일축하기 위해
and of those making them(the claims). / 이를 주장하는 사람들도

* 직관적으로도 파생명사가 많아 보인다. 명사 'interpretation,' '(hyperbolic) claims,' 'regulation,' 'credibility'은 각각 '해석하다 interpret'와 '주장하다claim(혹은 과장하다),' '규제하다regulate,' '믿다be credible'로 이해한다.

'A charitable interpretation would be'는 '완곡히 해석하자면 ~'라는 말이다. 가정법(would)을 구사했으니 필자는 이런 해석을 믿지 않는다는 뉘앙스다. 'what they perceived as~'는 짧게 '이른바'로 처리했지만 속뜻은 '기업은 그렇게들 간주하고 있다'는 것이다.

'hyperbolic claims on the part of environmental activists'에서 'hyperbolic claims(과장해서 주장하다)'는 주장할 때 과장을 섞었다는 말이므로 그냥 '과장했다'로 봐도 무난하다. 이때 과장한 주체는 단연 '환경운동가environmental activists'이므로 'on the part of'는 주어신호로 본다. 환경운동가가 과장했다는 아이디어.

'seeking more regulation of various forms of pollution ...' 명사 'regulation'은 동사 'regulate'에서 파생된 어구이므로 원형인 '규제하다'로 옮기면 'of'는 목적어신호가 될 것이다. 무엇을 규제하는가? 각종 오염물을 규제한다. 이때 'seeking'은 신경 쓰지 않는다. 본문의 아이디어는 '걸핏하면 각종 오염물을 규제하기 위해 과장도 서슴지 않았다'는 뜻이다.

'and that they developed a habit of reflexively countering ...' that+절을 'and'로 연결할 때는 'that'을 생략할 수 없기 때문에 반드시 'and that'이라 해야 한다. 그들은 반사적으로 대응하는 습관이 생겼다고 한다. 이때 'of'는 동격으로 습관을 좀더 구체적으로 설명하는 전치사다. 또한 'develop'은 모호한 것이 점차 명확해지는 느낌을 전달하므로 '(사진을) 현상하다'나 '발달하다'라고 이해한다.

'undermine the credibility of the claims'는 풀어쓰면 주장의 신빙성을 저해한다는 뜻이다. 'credibility'는 'credible'에서 파생되었으므로 'be credible(믿을 수 있다)'로 보면 'of'는 목적어신호가 된다. 즉, 주장을 믿을 수 있는 신빙성을 일축한다는 뜻이다.

DN interpretation(해석 ⇨ 해석하다) / **claims**(주장 ⇨ 주장하다)

　　regulation(규제 ⇨ 규제하다) / **credibility**(신뢰 ⇨ 믿다)

OS of(각종 오염물의 ⇨ 각종 오염물을) / (주장의 ⇨ 주장을)

SS on the part of(환경운동가들 입장에서 ⇨ 환경운동가들이)

⇨ 완곡히 해석하자면, 이 기업들은 환경단체가 각종 오염물을 규제하기 위해 과장을 일삼은 까닭에 오랫동안 공세를 당했다는 것이다. 그래서 '피해가 임박해왔다'고 주장하거나 그러는 사람을 볼라치면 저도 모르게 안간힘을 쓰며 일축하려는 습관이 생겼다고 한다.

04 Psychologists and neuroscientists have studied a phenomenon called selective attention—a tendency ***on the part of*** people who are so determined to focus intensely on particular images that they become oblivious to other images that are present in the field of vision.

neuroscientist 신경과학자
phenomenon 현상
selective attention 선택 집중
tendency 성향

are determined to 결심하다
intensely 열심히
oblivious to ~을 망각한
field of vision 시야

끊어읽기

Psychologists and neuroscientists have studied /
심리학자와 신경과학자는 연구해왔다

a phenomenon called selective attention/ 선택 집중이라는 현상을
—a tendency on the part of people / 사람들이 성향을 보이는 것이다
who are so determined to focus intensely / 주의를 너무 집중해서
on particular images / 특정한 이미지에
that they become oblivious / 망각하고 마는(무엇을?)
to other images / 다른 이미지는
that are present in the field of vision. / 시야에 있는

* 파생명사는 'attention'과 'tendency'인데, 'attention'을 'attend(집중하다)'로 바꾸면 'selective'는 동사를 수식하는 부사로 전환될 것이다. '선택해서 집중하다.' 그리고 'tendency on the part of people'의 경우에는 'on the part of'가 주어신호이므로 이를 절로 바꾸면 'people tend(to~)'로 이해할 수 있다. '성향tendency'은 '(사람들은) 성향을 보인다' 정도로 풀어쓰면 된다. 끝으로, 대시(—, 짧은 작대기는 '하이픈'이다)는 선택 집중selective attention을 구체적으로 설명하겠다는 기호로 보자.

DN attention(집중 ⇨ 집중하다) / tendency(성향 ⇨ 성향을 보인다)

OS ×

SS on the part of(사람들의 입장에서 ⇨ 사람들이)

⇨ 심리학자와 신경과학자는 '선택하여 집중하는' 현상을 연구해왔다. 이는 어떤 이미지에 너무 몰두한 나머지 시야에 있는 다른 이미지는 망각하는 사람들이 보이는 현상을 두고 하는 말이다.

05 There is a lot of sympathy for the accused woman ***on the part of*** the public.

sympathy 동정(심)

accused 혐의를 받고 있는

끊어읽기

There is a lot of sympathy / 동정하다
for the accused woman / 혐의를 받고 있는 여성을
on the part of the public. / 국민들이

* 시제는 동사로 보아 현재형이므로 'sympathy'를 동사로 바꾸면 '동정하고 있다'로 이해한다. 누가 동정하는가? 'on the part of'가 주어신호이므로 '국민들이' 동정한다. 그럼 'for'는 목적어신호가 될 것이다. 누구를 동정하는가? 혐의를 받고 있는 여성이다.

DN sympathy(동정 ⇨ 동정하다)
OS for(여성에 대한 ⇨ 여성을)
SS on the part of(국민들의 입장에서 ⇨ 국민들이)

⇨ 혐의가 있는 여성을 국민들이 동정하고 있다.

06 He told himself that the story couldn't be true, and that it was some attempted ruse *on the part of* the British.

tell oneself 혼잣말하다
cannot be true 사실일 리 없다
attempted ruse 시도된 계략

끊어읽기

He told himself / 그는 혼잣말을 했다
that the story couldn't be true, / 그 이야기는 사실일 리 없다고
and that it was some attempted ruse / 그리고 그건 시도한 계략이었다고
on the part of the British. / 영국인이

* attempted ruse는 '시도한 계략'이지만 이를 뒤집어 '계략을 시도하다'로 풀이해도 좋다. 누가 시도했는가? 'on the part of'가 주어신호이므로 영국인the British이 시도한 것이다. 'on the part of'는 문어체 느낌이 강한 어구이다.

DN (attempted) ruse(시도된 계략 ⇨ 계략을 시도하다)
OS ×
SS on the part of(영국인의 입장에서 ⇨ 영국인이)

⇨ 그는 중얼거렸다. 그 이야기는 사실일 리 없으며, 영국인이 계략을 시도한 것이었다고 말이다.

07 The information was copious and meticulously detailed, and revealed no prejudice **_on the part of_** the questioner.

copious 풍부한
meticulously 세심하게
detail 구체적으로 밝히다
prejudice 편견
questioner 질문자

풀어읽기

The information was copious / 정보가 풍부하고
and meticulously detailed, / 세심하게 밝혔다
and revealed no prejudice / 그리고 편견을 드러내지 않았다
on the part of the questioner. / 질문자가

* 명사는 'prejudice(편견)'으로, 동사에서 파생된 명사가 아니라서 우리 말로 풀이하기가 쉽진 않다. '주어신호(on the part of)'가 눈에 띄기 때문에 '질문자가 ~하지 않았다no'고 보면 되는데, 이 같은 경우에는 명사를 동사로 전환해야 한다는 고민보다는 주어신호에 주안점을 두고 '질문자가 편견을 드러내지 않았다'고 이해하는 것이 무엇보다 중요할 듯싶다.

DN prejudice(편견 ⇨ 편견을 드러내다)
OS ×
SS on the part of(질문자의 입장에서 ⇨ 질문자가)

⇨ 정보가 상당히 많고 이를 세심하게 밝힌 데다 질문자 또한 편견을 드러내지 않았다.

08 It would require great labor, not only ***on your part***, but also ***on the part of*** others, to have them understand your thoughts by means of writing.

끊어읽기

It would require great labour, / 엄청 애써야 한다
not only on your part, / 너뿐 아니라
but also on the part of others, / 다른 사람도
to have them understand / (그들에게) 이해시키려면
your thoughts / 네가 생각하는 바를
by means of writing. / 글짓기로

* 'labor' 또한 파생명사로 보긴 어렵지만 이를 동사로 바꾸면 주어신호인 'on the part of'와 자연스레 연결된다. 우선 '노동'을 '애쓰다'로 보고, 누가 애를 써야 하는지 파악해보라. 너와 다른 사람이 애써야 한다는 아이디어다. 'have them understand'에서 'have'는 그들을 이해시킨다는 사역동사. 여기서 'thought'도 동사로 바꾸어 보면 '생각하다'인데 앞에 나온 'your'는 주어신호이므로 '네가 생각하다'가 자연스럽다. 동사 'require'에는 '의무'적인 뉘앙스가 배어있다.

DN labor(노동 ⇨ 애쓰다) / (생각 ⇨ 생각하다)

OS ×

SS on the part of(남의 입장에서 ⇨ 남이) / on your part(네 입장에서 ⇨ 네가)
    your(너의 ⇨ 네가)

⇨ 글쓰기로 네가 생각하는 바를 이해시키려면(전달하려면) 너뿐 아니라 다른 사람도 애써야 한다.

09 Guarantees ***on the part of*** the banks must be made to assure the country's citizens that their money is safe during this period of recovery.

guarantee 보장
assure 안심시키다
citizen 시민
recovery 회복

끊어읽기

Guarantees on the part of the banks / 은행은 보증해야 한다
must be made / 반드시
to assure the country's citizens / 국민을 안심시키려면
that their money is safe / 돈이 안전하다고
during this period of recovery. /(경기가) 회복되는 동안

* guarantee는 동사와 명사의 모양이 같은 어구이므로 보장을 보장하다로 바꾸면 주체는 은행이 될 것이다. 즉, 은행이 보장한다는 뜻인데 must의 뉘앙스를 살리자면 보장해야 한다가 맞다. 이때 'be made'는 신경 쓰지 않아도 된다. 명사를 동사로 바꾸었기 때문이다. 'recovery'는 'recover(회복하다)'로 간주한다.

DN guarantee(보증 ⇨ 보증하다) / recovery(회복 ⇨ 회복되다)

OS ×

SS on the part of(은행의 입장에서 ⇨ 은행은)

⇨ 경기가 회복하는 동안 돈이 안전하다는 것을 안심시키려면 은행은 보증해야 한다.

10 There has been no shortage of effort ***on the part of*** John to make sure that this campaign is a success.

> shortage 부족
> make sure 장담하다
> campaign 캠페인

끊어읽기

There has been no shortage / 조금도 부족하지 않았다
of effort on the part of John / 존은 노력했다
to make sure that this campaign / 이 캠페인을 반드시
is a success. / 성공시키기 위해

* 명사 'shortage'는 형용사 'short'에서 파생되었으므로 목적어신호가 아니라 주어신호를 예상할 수 있다. 무엇이 부족하지 않았는가? '노력'이다. 이때 '노력'은 동사 '노력하다'로 전환해야 한다. 누가 노력했는가? 'on the part of'가 주어신호이므로 '존이 노력했다'고 이해하라. 정리하면, 존은 부족하지 않게 노력했으니, '부단히 노력했다'고 풀이했다. 무엇 때문에 노력했는가? 이 캠페인을 성공시키기 위해 노력했을 것이다. 어떤 문장을 만나든 아이디어를 파악하는 데 집중해야 한다.

DN shortage(부족 ⇨ 부족하다) **/ effort**(노력 ⇨ 노력하다)

    success(성공 ⇨ 성공시키다)

OS ×

SS on the part of(존의 입장에서 ⇨ 존은)

⇨ 이 캠페인을 성공시키기 위해 존은 부단히 노력했다.

Chapter 4 between / among

01 It also created an open-ended conversation **among** its engineers in which salespeople and designers were often included.

02 When the purpose of a school is merely book-knowledge, the cleavage **between** school and life need not matter so much.

03 Though there was not much liking **between** us, nor even much intimacy, we were so nearly of a humor that we could associate with ease.

04 The silence fell suddenly **between** us which I somehow expected to be unbroken.

05 Any wars **between** groups in the hunting stage of human life would have been both rare and mild.

06 The conflict **between** pure intelligence and moral values has become a matter of life and death.

07 The differences showed up *among* both liberals and conservatives.

08 The consensus *among* those scientists and engineers who are experts in this subject is that the longer the CO_2 is stored, the safer it becomes—because it begins to be absorbed into the geological formation itself.

09 The tragic increase in obesity *among* children is particularly troubling almost 17 percent of U.S. children are obese today and almost 7 percent of all children in the world.

10 There is disagreement *among* experts on how much of the land involved in these massive African purchases is being used for biofuels.

01 It also created an open-ended conversation **_among_** its engineers in which salespeople and designers were often included.

open-ended 개방적인, 자유로운
salespeople 세일즈맨

It also created / 또한
an open-ended conversation / 개방적으로 대화했다
among its engineers / 엔지니어들이(어떤 엔지니어?)
in which salespeople and designers / 세일즈맨과 디자이너들이
were often included. / 종종 포함되었다

* 'open-ended conversation'은 '형용사+명사' 구문인데 이를 '부사와 동사'구문으로 바꾸어 생각한다. 이를테면, 개방적인 대화가 아니라 '개방적으로 대화했다'는 것이다. 누가? 엔지니어들이 말이다. 시제는 단서가 되는 동사의 시제로 파악한다. 물주구문도 염두에 두라.

DN conversation(대화 ⇨ 대화했다)
OS ×
SS among(엔지니어들 사이에서 ⇨ 엔지니어들이)

⇨ 또한 그 덕분에 세일즈맨과 디자이너가 종종 포함된 엔지니어들이 개방적으로 대화했다.

02 When the purpose of a school is merely book-knowledge, the cleavage **between** school and life need not matter so much.

purpose 목적
merely 단지
book-knowledge 책 지식
cleavage 균열, 쪼개짐
matter 중요하다
need not ~할 필요는 없다

끊어읽기

When the purpose of a school / 학교의 목적이
is merely book-knowledge, / 단지 책을 아는 것이라면
the cleavage between school and life / 학교와 삶이 갈라지더라도
need not matter so much. / 이를 대수롭게 여길 필요는 없을 것이다

* 'book-knowledge'와 같이 하이픈으로 연결된 두 명사는 의미상 목적어와 동사일 확률이 높다. 여기서 'knowledge'는 동사 'know'에서 파생되었으므로 '지식'을 '알다'로 처리하면 'book-knowldege'는 '책을 안다'는 뜻이 될 것이다. 또한 'cleavage'는 'cleave'에서 비롯된 것이므로 동사형인 '쪼개지다, 갈라지다'로 이해하자.

DN knowledge(지식 ⇨ 알다) / cleavage(균열 ⇨ 갈라지다)
OS book(책 ⇨ 책을)
SS between(학교와 삶 사이에 ⇨ 학교와 삶이)

⇨ 학교가 그저 책을 알기 위해 세워진 것이라면 학교와 삶이 두 쪽이 난들 이를 대수롭게 여길 필요는 없을 것이다(공부 말고 다른 목적도 많다).

03 Though there was not much liking **_between_** us, nor even much intimacy, we were so nearly of a humor that we could associate with ease.

liking 호감
intimacy 친밀감
humor 기질
a humor = the same humor
associate ~와 어울리다
with ease 쉽게

끊어읽기

Though there was not much liking / 그리 좋아하진 않았다(누가?)
between us, / 우리는
nor even much intimacy, / 그다지 친하지도 않았지만
we were so nearly of a humor / (원인) 기질이 거의 같아
that we could associate / (결과) 어울릴 수 있었다
with ease. / 쉽게

* 동사로 간주해야 할 명사로는 'liking(좋아하다)'과 'intimacy(친하다)' 및 'ease(쉽다)'를 꼽을 수 있다. 여기서 'with ease'는 전치사+추상명사로서 '부사' 기능을 한다. 'between(among)'을 '~사이(둘 혹은 셋 이상)'로 단정하지 말고 주어신호라는 것을 명심하라. 쉽게 풀리는 문장이 의외로 많을 것이다.

DN liking(호감 ⇨ 좋아하다) / intimacy(친밀감 ⇨ 친하다)
　　ease(편리, 용이 ⇨ 쉽게)
OS ×
SS between(우리 사이에 ⇨ 우리는)

⇨ 우리는 서로 좋아하지도, 친하지도 않았지만 기질이 거의 같아 쉽게 어울릴 수 있었다.

04 The silence fell suddenly **_between_** us which I somehow expected to be unbroken.

fall 떨어지다
be unbroken 깨지지 않다

끊어읽기

The silence fell suddenly / 갑자기 침묵했다
between us / 우리는
which I somehow expected / ~싶었다
to be unbroken. / 깨지지 않을 듯

* 'silence'를 'be silent'로 보면 '침묵하다, 함구하다'라는 뜻이고 형용사라 목적어는 없다. 즉, 말문이 막혔다는 뜻이다. 관계대명사 'which'는 'silence'를 수식한다.

DN silence(침묵 ⇨ 침묵하다)
OS ×
SS between(우리 사이에서 ⇨ 우리는)

⇨ 우리는 갑자기 말문이 막혔고, 앞으로(한동안은) 썰렁할 듯했다.

05 Any wars **_between_** groups in the hunting stage of human life would have been both rare and mild.

hunting stage 수렵단계
rare 드문
mild 치열하지 않은

끊어읽기

Any wars between groups / 집단이 싸우는 것은
in the hunting stage of human life / 수렵단계에서
would have been both rare and mild. / 흔하지도, 치열하지도 않았을 것이다

* 'war'는 동사나 형용사에서 파생된 명사는 아니지만 'between'을 주어
신호로 본다면 'war'은 동사처럼 적절히 바꿔야 어울린다. '전쟁'은 싸우
는 것이니 '집단이 싸운다'고 풀이하면 된다.

DN wars(전쟁 ⇨ 싸우다)
OS ×
SS between(집단 간의 ⇨ 집단이)

⇨ 수렵단계라면 거의 싸우진 않았겠지만 설령 싸우더라도 그리 치열하지 않았을 것이다.

06 The conflict **between** pure intelligence and moral values has
become a matter of life and death.

conflict 갈등, 충돌
pure 순수한
intelligence 지성, 지능
moral 도덕적인
value 가치
matter 문제

The conflict / 충돌하는 것은(무엇이?)

between pure intelligence and moral values / 순수한 지성과 도덕적 가치가

has become a matter / 문제가 되었다

of life and death. / 생사의(죽고 사는)

* 우선 'conflict'는 '충돌하다'로 처리하고 나서 무엇이 충돌하는지 보자. 빈도를 따져보면 'between'은 주어를 암시할 공산이 크다. 순수한 지성과 도덕적인 가치가 충돌한다는 이야기. 'a matter of life and death'는 죽고 사는('생사'라 해도 무방하다) 문제로 풀이한다.

DN conflict(충돌 ⇨ 충돌하다)

OS ×

SS between(지성과 가치 사이에서 ⇨ 지성과 가치가)

⇨ 순수한 지성과 도덕적인 가치가 충돌하는 것은 생사의 문제가 되었다.

07 The differences showed up *among* both liberals and conservatives.

difference 차이
show up 나타나다
liberal 진보주의자
conservatives 보수주의자

The differences showed up / 달랐다(무엇이?)
among both liberals and conservatives. / 진보주의자와 보수주의자(의 견해)가

* 'difference는 different'가 원형이므로 이를 풀이할 때는 'be different(다르다)'로 봄직하다. 무엇이 다른가? 진보주의자와 보수주의자의 견해가 다를 것이다. 'difference = 차이'를 고집한다면 아직 우물을 벗어나지 못한 것이다. 명사를 동사적인 의미로 바꾸었으므로 'showed up'은 신경 쓰지 않는다. 다만 시제는 이 동사에서 파악해야 한다.

DN differences(차이 ⇨ 달랐다)
OS ×
SS among(진보주의자와 보수주의자 사이에 ⇨ 진보주의자와 보수주의자는)

⇨ 진보주의자와 보수주의자는 견해가 달랐다.

08 The consensus *among* those scientists and engineers who are experts in this subject is that the longer the CO2 is stored, the safer it becomes—because it begins to be absorbed into the geological formation itself.

consensus(의견) 일치
expert in = ~에 정통한 전문가
store 저장되다
the longer A, the safer B A할수

록 더욱더 B하다
be absorbed into ~에 흡수되다
geological formation 지층

The consensus / 견해가 같다(일치한다)
among those scientists and engineers / 과학자와 엔지니어가
who are experts in this subject / 이 주제에 빠삭한
is that the longer the CO2 is stored, / 이산화탄소가 오래 저장될수록
the safer it becomes / 안전해진다는 것이다
—because it begins to be absorbed / 이산화탄소가 흡수되기 때문에(어디에?)
into the geological formation itself. / 지층에

* 'consensus among A and B'는 A와 B의 견해가 일치한다는 뜻이므로 'among'은 주어신호로 볼 수 있다. 'expert'도 실은 전문가라는 명사지만 이를 동사로 바꾸면 어감이 한결 자연스러워진다. '~에 정통하다' 혹은 '빠삭하다'로 이해하자.

He is a good swimmer. 그 사람 수영 잘한다.
= He is good at swimming.

DN consensus(의견 일치 ⇨ 의견이 같다) / experts in(~의 전문가 ⇨ ~에 밝다)
OS in(이 주제 안의 ⇨ 이 주제에)
SS among(과학자와 엔지니어 사이에서 ⇨ 과학자와 엔지니어는)

⇨ 이산화탄소는 지층에 흡수되기 때문에 오래 저장될수록 안전해진다는 견해는 과학자와 엔지니어가 일치하는 대목이다.

09 The tragic increase in obesity **_among_** children is particularly troubling: almost 17 percent of U.S. children are obese today and almost 7 percent of all children in the world.

tragic 비극적인
obesity 비만
particularly 특히
troubling 골칫거리인

끊어읽기

The tragic increase / 안타깝게도 증가했다
in obesity / 비만이
among children / 아이들은
is particularly troubling: / 특히 골칫거리다
almost 17 percent of U.S. children / 미국 아동 중 약 17퍼센트가
are obese today / 오늘날 비만이란다
and almost 7 percent of all children / 아동인구 중 약 7퍼센트가
in the world. / 전 세계로 따지면

* 'tragic increase'는 '비극적으로 증가한다'라기 보다는 크게 늘어 마음이 아프다는 뉘앙스다. 'increase/decrease in'에서 'in'은 모두 주어를 가리키는 신호다. 즉, 비만이 증가했다는 것인데 'among'도 'obesity'의 주어신호(아이들이 비만에 걸린다)이므로 이를 정리하면 '비만에 걸리는 아이들이 증가하고 있다'고 보자. 아이디어를 파악하는 것이 무엇보다 중요하다. 본문에서 콜론(:)은 통계를 사례로 들 때 찍었다.

DN increase(증가 ⇨ 증가하다) / **obesity**(비만 ⇨ 비만에 걸리다)
SS among(아이들 사이에서 ⇨ 아이들은)

⇨ 비만에 걸리는 아이들이 폭증하고 있다는 사실이 특히 걱정스럽다.(통계에 따르면) 오늘날 미국은 아동 가운데 약 17퍼센트가 비만이고, 전 세계로 따지면 약 7퍼센트가 비만이라고 한다.

10 There is disagreement **_among_** experts on how much of the land involved in these massive African purchases is being used for biofuels.

disagreement 불일치
be involved in ~에 가담하다
massive 막대한
purchase 구매
biofuel 바이오연료

There is disagreement among experts / 전문가들은 의견이 다르다
on how much of the land / 얼마만큼의 대지가
involved in these massive African purchases /
방대한 아프리카 땅을 매입한 것 중

is being used for biofuels. / 바이오연료를 위해 사용되고 있는지는

* 'disagreement among experts'에서 'disagreement'를 파생명사로 보면 '전문가들은 의견이 분분하다experts disagree'로 풀어쓸 수 있다. 또 다른 명사는 동사와 형태가 같은 'purchase(매입)'이다. 무엇을 매입했는가? 'massive African'으로 '방대한 아프리카 땅'이다. 따라서 형용사 모양인 'African'은 목적어신호가 되는 것이다.

DN disagreement(불일치 ⇨ 의견이 분분하다) / **purchases**(매입 ⇨ 매입하다)
OS African(아프리카의 ⇨ 아프리카를)
SS among(전문가들 사이에서 ⇨ 전문가들은)

⇨ 방대한 아프리카 땅을 매입한 것 중 얼마만큼의 대지가 바이오연료 생산에 이용되고 있는지는 전문가들도 의견이 분분하다.

Chapter 5 by

01 After years of oppression **by** the Mexican government, Mexican Indians who called themselves Zapatistas ...

02 Nor does it apply to repairs or alteration **by** unauthorized personnel.

03 ... the invasion **by** North Korea of South Korea in 1950 greatly heightened concerns in Washington.

04 Some tribal music, however, results from collaboration **by** the players on the spur of the moment.

05 The research done **by** those of us at the Work-place Bullying Institute(WBI) ...

06 Maybe you escaped to safety; or perhaps you were told to identify solutions *by* a higher-up who cares.

07 Research *by* Christine Pearson, the academic most closely identified with the study of incivility, found that only 12 percent of workers subjected to an uncivil workplace contemplated leaving.

08 Workplace bullying is the repeated, health-harming mistreatment of an employee *by* one or more employees through acts of commission or omission …

09 The women argue that their exclusion *by* the International Olympic Committee is against Canadian human rights laws.

10 It described a fictional attack on New Jersey *by* invaders from Mars.

01 After years of oppression **by** the Mexican government, Mexican Indians who called themselves Zapatistas ...

oppression 억압

call oneself 자칭 '~'라 한다

끊어읽기

After years of oppression / 수년간 억압해왔다(누가?)
by the Mexican government, / 멕시코 정부가
Mexican Indians / 멕시코 원주민은
who called themselves Zapatistas ... / 자칭 '자파티스타스'라 하는

* oppression은 동사 oppress에서 파생된 명사이므로 '억압'을 '억압하다'고 바꾸면 누가 누구를 억압하느냐가 궁금해질 것이다. 여기서 주의해야 할 점이 있다. by는 절대 목적어신호가 될 수 없다는 것! 주어와 목적어신호가 중복되는 전치사나 형용사가 많지만 by가 나오면 일단 주어신호로 보면 된다.

누가 억압하는가? 멕시코 정부가 억압한다. 이때 'after years(수년간)'를 적용하면 '억압해왔다'가 적절할 것이다.

DN oppression(억압 ⇨ 억압하다)
OS ×
SS by(멕시코 정부에 의해 ⇨ 멕시코 정부가)

⇨ 멕시코 정부가 수년간 억압하자, 자칭 '자파티스타스'라는 멕시코 원주민은 …

02 Nor does it apply to repairs or alteration **_by_** unauthorized personnel.

apply to ~에 적용되다
repair 보수
alteration 개조
unauthorized 관계자가 아닌
personnel 직원

끊어읽기

Nor does it apply / 그것은 적용되지 않는다
to repairs or alteration / 보수하거나 개조하는 데는(누가?)
by unauthorized personnel. / 관계자가 아닌 직원이

* nor를 앞에 쓰면 주어와 동사가 역전되는 도치가 발생한다. 본문은 부정어를 강조하는 문장이다. 그러니 '전혀 적용되지 않는다'는 뉘앙스다. 파생명사는 'repairs'와 'alteration'이므로 '보수'는 '보수하다'로, '개조'는 '개조하다'로 바꾸면 'by' 이하가 주어를 가리키므로 관계자가 아닌 직원이 보수하거나 개조한다는 의미가 된다.

DN repairs(보수 ⇨ 보수하다) / **alteration**(개조 ⇨ 개조하다)
OS ×
SS by(관계자가 아닌 직원에 의해 ⇨ 관계자가 아닌 직원이)

⇨ 이는 관계자가 아닌 직원이 보수하거나 개조한 것에는 적용되지 않는다.

03 ... the invasion *by* North Korea of South Korea in 1950 greatly heightened concerns in Washington.

invasion 침략
heighten 고조시키다
concerns 우려

끊어읽기

... the invasion / 침략했다(누가?)
by North Korea / 북한이(어디를?)
of South Korea in 1950 / 남한을 1950년에
greatly heightened concerns / 우려를 크게 증폭시켰다
in Washington. / 워싱턴의

* 'invasion'은 'invade(침략하다)'에서 비롯된 명사이므로 이를 동사로 고친다. 그러면 누가 누구를 침략했느냐가 명확해진다. 'of'와 'by'를 헷갈리면 큰일이다. 둘 다 주어신호는 될 수 있지만 둘 다 주어가 될 수는 없으니 주어신호는 항상 'by'가 우선이라는 점을 명심하라. 그러지 않으면 '남한이 북한을 침략했다'는 반대의 뜻이 되고 만다!

'concerns'도 '우려했다'로 바꾸면 'in Washington'은 주어신호가 된다. 즉, 워싱턴이 우려했는데 'greatly'하게, 크게 우려했다는 의미가 될 것이다. 주어는 'invasion'이라는 물주구문이므로 인과관계를 나타내는 부사로 옮긴다.

DN invasion(침략 ⇨ 침략하다) / concerns(우려 ⇨ 우려하다)
OS of(남한의 ⇨ 남한을)
SS by(북한에 의해 ⇨ 북한이) / in(워싱턴 안에 ⇨ 워싱턴은)

⇨ 1950년 당시 북한이 남한을 침략하자 워싱턴은 크게 우려했다.

04 Some tribal music, however, results from collaboration **by** the players on the spur of the moment.

tribal 부족의
A(결과) result from B(원인)
A는 B에서 비롯되다
collaboration 협력
players 연주자들
on the spur of the moment
즉흥적으로

끊어읽기

Some tribal music, however, / 그러나 부족 음악은
results from collaboration / 협주하는 데서 비롯된 것이다
by the players / 연주자들이
on the spur of the moment. / 즉흥적으로

* 파생명사부터 찾는 것이 수순이지만 숙달이 되다 보면 아이디어를 파악하는 데 도움이 많이 될 것이다. 'collaboration(협력)'을 동사 'collaborate'로 바꾸어 이해하면 '협력하다'인데 음악을 함께 연주하는 것이니 '협주하다'로 보면 좋을 것 같다. 누가 협주하는가? 'by' 이하인 연주자들이 협주한다.

DN collaboration(협력 ⇨ 협력하다)
OS ×
SS by(연주자들에 의해 ⇨ 연주자들이)

⇨ 그러나 부족 음악은 연주자들이 즉흥적으로 협주하여 만들어진다.

05 The research done **by** those of us at the Work-place Bullying
Institute(WBI) ...

research 조사, 연구
workplace 직장
bullying 갑질, 왕따
institute 협회

끊어읽기

The research done / 조사했다(누가)
by those of us / 우리들이
at the Work-place Bullying Institute(WBI) ... / (반)직장갑질협회WBI에서

* 명사 'research'를 동사로 전환하여 이해한다. '조사'를 '조사했다'로
바꾸면 누가 무엇을 조사했느냐를 밝혀야 하는데 앞서 말한 대로 'by'는
무조건 주어신호로 보고 '우리가 조사했다'고 풀어야 한다. 'at'은 기본적
으로 장소 개념이지만 소속을 밝히기 위해 쓸 때도 있다.

DN research(조사 ⇨ 조사하다)
OS ×
SS by(우리에 의해 ⇨ 우리가)

⇨ 우리는(반)직장갑질협회WBI에서 조사했다 …

06 Maybe you escaped to safety; or perhaps you were told to identify
solutions **by** a higher-up who cares.

identify 파악하다
solutions 해결방안(책)
be told to+동사 동사하라는 지시를 받다
care 살피다
a higher-up 윗사람

끊어읽기

Maybe you escaped / 탈출하여
to safety; / 안전해지거나
or perhaps you were told / 아마 지시를 받았을지도 모른다
to identify solutions / 해결하라고
by a higher-up who cares. / (돌아가는 사정을) 살펴야 할 윗사람이

* 문장이 좀 까다롭다. 'by'가 주어를 암시하는 신호이긴 한데 'higher-up(윗사람)'이 'were told to'에 걸리는지, 'identify solutions'에 걸리는지 파악해야 한다. 문맥상 'you were told by'로 연결되어야 자연스러울 것이다. 즉, 당신에게 지시한 사람이 상사라는 뜻이다. 아울러 'safety'는 형용사 'safe'에서 나온 파생명사이므로 이 또한 '안전하다'로 풀이해야 한다.

DN safety(안전 ⇨ 안전하다) / solutions(해결책 ⇨ 해결하다)
OS ×
SS by(윗사람에 의해 ⇨ 윗사람이)

⇨ 회피로 안전해지지 않았다면 윗사람이 해결책을 찾으라고 지시했을지도 모르겠다.

07 Research **by** Christine Pearson, the academic most closely identified with the study of incivility, found that only 12 percent of workers subjected to an uncivil workplace contemplated leaving.

academic 교수
be closely identified with 면밀히
관계해온
find-found 밝히다
incivility 무례(한 언동), 갑질
uncivil 무례한
contemplate 고민하다
leave 떠나다

Research by Christine Pearson, / 크리스틴 피어슨은 조사했다
the academic most closely identified / 그는 교수로 면밀하게
with the study of incivility, / 갑질을 연구해왔다
found / 밝혀냈다
that only 12 percent of workers / 직원 중 12퍼센트 정도만
subjected to an uncivil workplace / 갑질하는 직장에 다니는
contemplated leaving. / 사직을 고민했다고 한다

* 파생명사는 'research'와 'study'를 꼽는다. 각각 '조사하다'와 '연구하다'로 옮기고 나면 '누가' '무엇을' 조사 혹은 연구했는지 밝혀야 한다. by가 주어신호이므로 크리스틴 피어슨Christine Pearson이 조사했고, 'of'는 목적어신호로 '갑질을of incivility' 연구해왔다고 이해하면 될 것이다.

DN research(조사 ⇨ 조사했다) **/ study**(연구 ⇨ 연구했다)

OS of(갑질의 ⇨ 갑질을)

SS by(크리스틴 피어슨에 의해 ⇨ 크리스틴 피어슨은)

⇨ 가장 면밀히 갑질을 연구해온 크리스틴 피어슨 교수가 조사한 바에 따르면, 갑질 직장에 다니는 직원 중 12퍼센트만 사직을 고민했다고 한다.

08 Workplace bullying is the repeated, health-harming mistreatment of an employee **by** one or more employees through acts of commission or omission ...

> bullying 갑질, 왕따
> repeat 반복하다
> health-harming 건강을 해치는
> mistreatment 학대, 혹사
> commission 과실
> omission 태만, 누락

끊어읽기

Workplace bullying is the repeated, / 직장 갑질은 반복되고 있다
health-harming mistreatment / 괴롭혀 건강을 해친다
of an employee / 한 직원을
by one or more employees / 하나 이상의 직원이
through acts of commission or omission ... / 과실과 태만으로

* 명사가 많다. 'harming'과 'mistreatment,' 'commission' 및 'omission'이다. 모두가 동사에서 파생된 명사들이므로 이를 동사로 바꾸면 '해치다harm,' '혹사시키다mistreat,' '잘못을 저지르다commit,'

'해야 할 일을 하지 않다omit'로 봄직하다. of와 by가 나왔으니 이젠 헷갈리지 않을 것이다. 'of'도 주어신호가 될 수 있지만 'by'에 우선권이 주어진다. 이를 혼동하면 직원 하나가 직원 여럿을 괴롭힌다고 오해할 수도 있다!

끝으로, 'commission'은 하지 말아야 할 짓을 저지른 것이고(과실), 'omission'은 해야 할 일을 하지 않은 잘못을 일컫는다(태만).

DN harming(해로움 ⇨ 해치다) / **mistreatment**(혹사 ⇨ 혹사시키다)

  commission(과실 ⇨ 하지 말아야 할 짓을 저지르다)

  omission(태만 ⇨ 해야 할 일을 하지 않다)

OS health(건강 ⇨ 건강을) / **of**(한 직원의 ⇨ 한 직원을)

SS by(하나 이상의 직원에 의해 ⇨ 직원이)

⇨ 직장에서 갑질은 반복되고 있다. 하나 혹은 둘 이상의 직원이 한 직원에게 하지 말아야 할 짓을 저지르거나, 해야 할 일을 일부러 하지 않는 식으로 그를 괴롭혀 건강마저 해치고 있다.

09 The women argue that their exclusion **by** the International Olympic Committee is against Canadian human rights laws.

exclusion 제외
against 위반한
human rights laws 인권법

The women argue / 여성 선수들은 주장했다
that their exclusion / 그들을 제외한 것은(누가?)
by the International Olympic Committee / IOC가
is against Canadian human rights laws. / 캐나다 인권법을 위반한 처사라고

* 본문은 'their exclusion by the IOC'를 정확히 파악하는 게 가장 중요하다. exclusion은 동사 'exclude'에서 파생되었으므로 '제외하다'로 바꾼다. 그러고 나면 '누가' '무엇을' 제외했는지 밝히면 된다. their가 앞에 있기 때문에 주어로 보기 쉽지만 by는 위치에 관계없이 주어신호 1순위이므로 'IOC'가 '그들을their' 제외했다고 해석해야 옳다.

DN exclusion(제외 ⇨ 제외하다)
OS their(그들의 ⇨ 그들을)
SS by(IOC에 의해 ⇨ IOC가)

⇨ 여성 선수들이 주장한 바에 따르면, IOC가 그들을 제외한 것은 캐나다 인권법을 위반한 처사라고 한다.

10 It described a fictional attack on New Jersey **by** invaders from Mars.

describe 묘사하다
fictional 허구의
attack 공격
invaders 침략자
Mars 화성

It described a fictional attack / 작품은 공격하는 장면을 허구로 묘사했다
on New Jersey / 뉴저지를
by invaders from Mars. / 화성에서 온 침략자들이

* 'by'가 눈에 띄면 주어신호를 떠올린다. 파생명사는 'attack'으로 동사와 모양이 같다. '공격하다'로 옮기고 나면 '누가' '무엇을' 공격하는지 가닥을 잡는다. 또한 공격을 수식하는 'fictional'은 형용사지만 명사를 동사로 바꾸었으므로 형용사(허구의) 역시 '부사(허구로)'로 전환한다.

DN attack(공격 ⇨ 공격하다)
OS on(뉴저지 위에 ⇨ 뉴저지를)
SS by(화성에서 온 침략자들에 의해 ⇨ 화성에서 온 침략자들이)

⇨ 작품은 화성에서 온 침략자들이 뉴저지를 공격하는 장면을 허구로 묘사했다.

01 This is particularly dangerous during a period of **rapid change**.

02 He then required me to **make a considerable down payment** at the time.

03 Language **comes into existence**, grows, changes its form, matures and **falls into decay**.

04 Half the ills of mankind might be shaken off without doctor or medicine by **mere residence in** this lovely portion of the world.

05 We should always lay by something, so that, in the event of our being unable to work **from unemployment, sickness, or old age,** we may not starve nor be compelled to ask **charity from** others.

06 Man does not live by bread alone, but neither does he live by *taking thought* alone.

07 I was told by someone that birds could not be caught by putting salt on their tails, that I was being made a fool of, and this was *a great shock to* me, since I had been taught to believe that it was wicked to *tell a lie*.

08 This time he noted the dangerous *rise in* her blood pressure and *her apparent anxiety* at work, as evidenced by Kate not being able to catch her breath.

09 Some have preferred to face *death* rather than conceal *their thoughts.*

10 In fact, you may not even recall what sparked your *latest fight*(think for a moment—can you say *what started the argument?*).

01 This is particularly dangerous during a period of ***rapid change***.

particularly 특히
rapid 빠른

끊어읽기

This is particularly dangerous / 이는 특히 위험하다
during a period / 기간 동안
of rapid change. / 빨리 변화하는

* 동사와 명사의 모양이 같은 'change'의 의미를 동사로 보면 이를 수식하는 'rapid'는 부사처럼 이해해야 한다. '변화'를 '변화하다'로 풀이하면 '빠른'이 아니라 '빨리, 속히' 변화한다고 해석해야 할 것이다.

DN change(변화 ⇨ 변화하다)
OS ×
SS ×

⇨ 이는 심하게(빨리) 변하는 동안에는 특히 위험하다.

02 He then required me to ***make a considerable down payment*** at the time.

require 요구하다
considerable 엄청난
down payment 할부
at the time 당시

He then required me / 그는 내게 요구했다
to make a considerable down payment /(엄청난 금액을) 할부로 갚으라고
at the time. / 당시에

* down payment(할부)가 파생명사이므로 이를 '할부로 갚다'로 풀이
하면 'make'는 신경 쓰지 않아도 된다. 'make'는 'payment'에 호응하는
어구로 딱히 의미가 없기 때문이다. 여기서 'require'는 '의무적으로 ~을
해야 한다'는 뉘앙스가 담겨있다.

DN down payment(할부 ⇨ 할부로 갚다)
OS ×
SS ×

⇨ 당시 그는 엄청난 금액을 할부로 갚아야 한다고 종용했다.

03 Language **_comes into existence_**, grows, changes its form,
matures and **_falls into decay_**.

> come into existence 발생하다
> existence 존재
> mature 성숙하다
> decay 부패

Language comes into existence, / 언어는 발생하고
grows, changes its form, / 성장하며 모양을 바꾸다가
matures and falls into decay. / 성숙하면 쇠퇴한다

* 파생명사로 둘이 보인다. 'existence(존재)'와 'decay(부패)'는 모두 명사로 각각 동사 'exist'와 'decay'에서 비롯되었다. 따라서 이를 '(없었다가) 존재하게 되다'로, '부패하다(썩어 없어진다)'로 옮기면 동사구인 'come into'와 'fall into'는 중요하지 않은 어구로 전락하고 만다. 주어인 'language'를 제외하면 별개의 '주어신호'나 '목적어신호'는 보이지 않는다.

DN existence(존재 ⇨ 존재하게 되다, 발생하다) / decay(부패 ⇨ 썩다)
OS ×
SS ×

⇨ 언어는 발생하고 성장하며 모양을 바꾸다가 나이가 들면 쇠퇴한다.

04 Half the ills of mankind might be shaken off without doctor or medicine by **_mere residence in_** this lovely portion of the world.

ills 질병
mankind 인류
shake off 고치다
residence 거주
lovely 멋진
portion 면적

Half the ills of mankind / 인류의 질병 중 절반은
might be shaken off / 고칠 수 있을지도 모르겠다
without doctor or medicine / 의사나 약 없이도
by mere residence / 그저 살기만 하면
in this lovely portion of the world. / 이렇게나 멋진 곳에서

* 'residence'는 동사 'reside'에서 파생된 명사이므로 'by'이하는 'merely by residing in this lovely portion of the world'로 풀어쓸 수 있다. 'merely'는 '그냥 살기만 해도'라는 뉘앙스. 여기서도 주어나 목적어신호는 보이지 않는다.

DN residence(거주 ⇨ 거주하다)
OS ×
SS ×

⇨ 이렇게 멋진 곳에서 살면 사람이 걸리는 질병 중 절반은 의사나 약이 없어도 나을 것 같다.

05 We should always lay by something, so that, in the event of our being unable to work *from unemployment, sickness, or old age,* we may not starve nor be compelled to ask *charity from* others.

lay by 저축하다
so that + 주어 + may ~하지 않기 위해
be compelled to 어쩔 수 없이 ~하다
in the event of ~ 경우에(대비하여)
not A nor B A와 B 둘 다 아니다

We should always lay by something, / 우린 항상 저축해야 한다

so that, (we may not으로 연결) / ~하지 않기 위해

in the event of our being unable to work / 일을 할 수 없을 때

from unemployment, sickness, or old age, / 실직이나 질병 혹은 노년으로

we may not starve / 굶지 않고

nor be compelled to ask charity / (어쩔 수 없이) 자선을 구하지 않도록

from others. / 남에게

* 동사 의미로 풀어야 할 어구는 'unemployment'와 'sickness'와 'old age'다. 물론 동사에서 파생된 어구는 아니지만, 이를 동사적인 의미로 전환하면 '실직하거나unemployed' '병에 들거나sick,' 혹은 '연로하여old' 일을 할 수 없는 경우를 대비해야 한다는 것이다. so that에서 커마가 찍혔다는 것은 바로 연결되지 않고 한 박자 쉬고 연결된다는 방증이므로 'so that we my not starve'로 연결된다는 점을 감파해야 한다.

DN unemployment(실직 ⇨ 실직하다) / sickness(병 ⇨ 병들다)

old age(노년 ⇨ 연로하다)

OS ×

SS ×

⇨ 누구든 실직하거나 아프거나 혹은 나이가 많아 일을 할 수 없을 때가 오게 마련이니 남에게 손을 벌리거나 굶지 않으려면 늘 저축해 두어야 한다.

06 Man does not live by bread alone, but neither does he live by *taking thought* alone.

thought 생각, 사고
neither = not either ~도 아니다

끊어읽기

Man does not live / 사람은 살지 않는다
by bread alone, / 빵으로만
but neither does he live / 아울러 살지도 않는다
by taking thought alone. / 생각하는 것만으로

* 'thought'는 'think'에서 파생된 명사이므로 이를 동사적인 의미로 바꾸면 '생각하다'인데 여기 안에는 'take'가 포함되어 있다. 참고로 'not'과 'either'가 만나면 'neither'가 되고 'and not either'가 만나면 'nor'가 된다.

not either = neither ~도 아니다
and neither = and not either = nor ~또한 아니다

DN thought(생각 ⇨ 생각하다)
OS ×
SS ×

⇨ 인간은 빵으로만 살지도 않고 사유만으로 살지도 않는다.

07 I was told by someone that birds could not be caught by putting salt on their tails, that I was being made a fool of, and this was ***a great shock to*** me, since I had been taught to believe that it was wicked to ***tell a lie***.

be told by ~에게 듣다
salt 소금
make a fool of ~을 속이다
be made a fool of 속다
shock 충격
be taught to ~하라고 배우다
wicked 사악한
lie 거짓말

끊어읽기

I was told by someone / 누군가에게 들었다

that birds could not be caught / 새는 잡을 수 없다고

by putting salt on their tails, / 꼬리에 소금을 뿌려서는

that I was being made a fool of, / 그리고 내가 속은 거라고 한다

and this was a great shock to me, / 그래서 나는 큰 충격을 받았다

since I had been taught to believe that / 믿으라고 배워왔기 때문이다

it was wicked / 악한 거라고

to tell a lie. / 거짓말하는 것은

* 본문에서는 make a fool of(~을 속이다)가 하나의 어구로 쓰였지만 사실 fool은 명사로 바보 외에 '~을 속이다'라는 동사의 뜻도 포함되어 있다. 즉, 동사와 명사의 모양이 같다는 것이다. 따라서 명사 'fool'을 동사 'fool'로 바꾸면 굳이 'make ~ of'는 신경 쓰지 않아도 된다. 물론 영작을

위해서는 'make a fool of'는 알아두어야겠지만. 본문에서 'made a fool of'는 수동태이므로 '속이다'가 아니라 '속았다'로 이해해야 한다.

두 번째 파생명사는 'shock'이다. '충격'이 아니라 '충격을 받다'라면 'to me'에서 'to'는 주어신호가 될 것이다. 내가 충격을 받았을 테니까. 또한 'lie'는 '거짓말하다'와 같기 때문에 'tell'은 굳이 '말하다'로 옮기지 않아도 된다.

DN fool(바보 ⇨ 속이다) / **shock**(충격 ⇨ 충격을 받다) / **lie**(거짓말 ⇨ 거짓말하다)
OS ×
SS to(나에게 ⇨ 나는)

⇨ 꼬리에 소금을 쳐서 새를 잡을 수는 없다고 한다. 즉, 내가 속았다는 이야기다. 애당초 거짓말은 나쁜 거라고 배워왔기 때문에 내심 큰 충격을 받았다.

08 This time he noted the dangerous **rise in** her blood pressure and **her apparent anxiety** at work, as evidenced by Kate not being able to catch her breath.

note 주목하다
rise 증가
blood pressure 혈압
apparent 분명한
anxiety 염려, 근심
at work 직장에서
evidence 증언하다
catch one's breath 숨을 고르다

This time / 이번에

he noted / 그는 주목했다

the dangerous rise / 위험하게 올라갔다는 점을

in her blood pressure / 혈압이

and her apparent anxiety / 그리고 불안해한다는 기색이 역력했다

at work, / 직장에서

as evidenced by Kate / 케이트가 입증했다시피

not being able to catch her breath. / 숨을 고를 수 없었다

* 증가나 감소를 나타내는 명사나(자)동사에는 전치사 'in'이 딸리는데
이때 'in'은 주어신호일 공산이 크다. '~이 증가 혹은 감소했다'는 뜻이다.
또 다른 파생명사 'anxiety'는 '불안'이 아니라 '불안해하다'로 바꾼다.
'apparent'는 '눈에 띈다'는 뉘앙스이므로 '역력하다'라고 옮겼다.

DN rise(상승 ⇨ 상승하다) / anxiety(염려 ⇨ 염려하다)

OS ×

SS in(혈압 안에 ⇨ 혈압이)

⇨ 숨을 고를 수조차 없었던 케이트가 몸소 입증했듯이, 이번에는 그녀의 혈압이 위험하리만치
상승했다는 점과, 직장에서 불안해하는 기색이 역력했다는 점에 주목했다.

09 Some have preferred to face **death** rather than conceal **their thoughts.**

prefer to ~을 선호하다
face 직면하다
conceal 숨기다

끊어읽기

Some have preferred / 일부는 더 좋아한다
to face death / 죽는 것을
rather than conceal their thoughts. / 생각하는 바를 숨기느니 차라리

* 'death'와 'thoughts'는 동사 '죽다die'와 '생각하다think'로 바꾸어 생각해보라. 그러면 'face'는 신경 쓰지 않아도 된다.

DN death(죽음 ⇨ 죽다) / **thought**(생각 ⇨ 생각하다)
OS ×
SS their(그들의 ⇨ 그들이)

⇨ 어떤 이는 생각하는 바를 숨기느니 차라리 죽는 편을 택할 것이다.

10 In fact, you may not even recall what sparked your **latest fight**(think for a moment—can you say **what started the argument?**).

in fact 사실
recall 회상하다
spark 부추기다
latest 최근의
argument 말다툼

In fact, / 사실

you may not even recall / 기억이 나지 않을지도 모른다

what sparked your latest fight/ 최근 무엇 때문에 다투었는지

(think for a moment/ 잠시 생각해보라

—can you say / 말할 수 있는가?

what started the argument?). / 무엇 때문에 다투었는지?

* what sparked your fight? 무엇이 너의 싸움을 부추겼는가? 우리나라 말과 글에서는 주어 자리에 'what'이나 추상명사 혹은 무생물 명사가 오면 왠지 불편해진다. 그래서 이때는 원인이나 이유를 가리키는 부사로 처리할 때가 많다. 즉, '왜 싸웠니What started the argument(fight)?' 정도로 풀이한다는 것이다. 이를 무생물주어구문(물주구문)이라 한다.

본문에서는 'your latest fight'와 'what started the argument'에서 파생명사(fight, argument)를 찾을 수 있다. 문맥상 같은 뜻이지만 중복을 피하기 위해 다른 어구를 쓴 것 같다. 'fight = argument'를 '싸움'이나 '언쟁'이라 하지 말고 '싸움하다' 혹은 '말다툼하다'로 바꾸면 한결 자연스러워질 것이다. 이때 인칭대명사 'your'는 주어신호가 된다.

DN fight(싸움 ⇨ 싸우다) / argument(말싸움 ⇨ 말싸움하다)

OS ×

SS your(너의 ⇨ 네가)

⇨ 최근 무엇 때문에 싸웠는지 기억하지 못할지도 모르겠다(잠시 생각해보라. 무엇 때문에 다투었는지 말할 수 있겠는가?).

Practice

01 A little reflection might have reminded me that my own talk was no better than theirs.

02 According to a survey conducted by Samsung Economic Research Institute, the average white-collar worker is eased out just before his 54th birthday.

03 Civilization is a product of adversity.

04 We came face to face at a street corner in my neighborhood, and I was struck by a change in him.

05 But we had been in the United States only a few days before the realization came home strongly to my father that they had brought their children to a land of waste.

06 There was no one in sight but a girl of about twelve.

07 The great inventions of Thomas A. Edison were the fruit of long and painstaking effort.

08 We live in the kind of world in which there is no possibility of order without concern for the right of others.

09 They tend to exert more effort because there is more at stake for him or her personally.

10 With Kate's question, Susie grew colder and said that it was Kate's responsibility to fix the problem and to get along with her boss.

01 A little reflection might have reminded me that my own talk
was no better than theirs.

reflection 회상
remind ~에게 떠오른다
no better than ~보다 나을 게 없다
theirs = their talks

끊어읽기

A little reflection / (과거를) 조금만 돌이켜봐도
might have reminded me / 떠올랐을 것이다
that my own talk / 내가 말하는 것이
was no better than theirs. / 그들보다 나을 게 없다는 것을

* 우선 무생물주어와 가정법 과거완료에 유의하자. 가정법 과거완료는 이루어지지 않아 아쉽다는 뉘앙스를 담고 있다. 즉, 조금만 돌이켜보면a little reflection 깨달았을 텐데reminded 그러지 않아 깨닫지 못했다는 뜻이다. 무생물주어는 부사적으로 이해한다고 말한 적이 있다. reflection은 '회상'인데 이를 동사로 풀이하면 '과거를 돌이켜본다'는 뜻이 된다. 조건의 부사절로 바꾸면 'If I had reflected a little'정도로 바꿀 수 있다.

'my own talk'에서 'talk'를 동사로 전환하면 'my'는 주어신호로 '내가 말한다'는 뜻이 될 것이다. 'own'은 '내 입으로 직접 말했다'는 점을 강조한다.

DN reflection(회상 ⇨ 회상하다) / talk(말 ⇨ 말하다)
OS ×
SS my(나의 ⇨ 내가)

⇨ 조금만 돌이켜보면 내가 말하는 바가 그들보다 나을 게 없다는 걸 알았을 텐데(그러지 못해 아쉽다).

02 According to a survey conducted by Samsung Economic Research Institute, the average white-collar worker is eased out just before his 54th birthday.

conduct 실시하다
Samsung Economic Research Institute 삼성경제연구소
white-collar 화이트칼라
(전문지식을 토대로 정신노동에 종사하는 사람)
be eased out 퇴출되다

끊어읽기

According to a survey / 조사한 바에 따르면(누가?)
conducted by Samsung Economic Research Institute, / 삼성경제연구소가
the average white-collar worker / 화이트칼라 근로자는 평균적으로
is eased out / 퇴출된다고 한다
just before his 54th birthday. / 54세가 되기 전에

* 'survey by'만 써도 뜻은 통한다. 'by'는 다른 전치사보다 주어신호일 가능성이 가장 높은 전치사이므로 '삼성경제연구소가 조사했다'고 이해해야 한다. '삼성경제연구소가 실시한 조사'라고 해도 무방하지만 파생명사를 동사로 바꾸는 연습 차원에서 '조사한 바'라고 옮긴 것이다.

DN survey(조사 ⇨ 조사하다)

OS ×

SS by(삼성경제연구소에 의해 ⇨ 삼성경제연구소가)

⇨ 삼성경제연구소가 조사한 바에 따르면, 사무직 근로자는 평균적으로 54세가 되기 전에 퇴출된다고 한다.

03 Civilization is a product of adversity.

civilization 문명
product 산물, 결과
adversity 역경

끊어읽기

Civilization is a product / 문명은 ~이 낳았다(낳은 결과다)
of adversity. / 역경이

* 파생명사는 동사와 모양이 같은 'product'로 '~이 낳았다'로 풀이한다. 즉, '결과 + be a product of + 원인'으로 이해할 수 있다. 이때 주어신호는 of로 봄직하다.

DN product(산물 ⇨ 낳았다)

OS ×

SS of(역경의 ⇨ 역경이)

⇨ 문명은 역경이 낳은 결과다.

04 We came face to face at a street corner in my neighborhood, and I was struck by a change in him.

come face to face 마주치다
street corner 길모퉁이
neighborhood 동네
be struck 충격을 받다

끊어읽기

We came face to face / 우린 마주쳤다
at a street corner / 길모퉁이에서
in my neighborhood, / 동네
and I was struck / 그리고 나는 놀랐다
by a change in him. / 그가 변해서

* 명사 'change'는 동사와 형태가 같으므로 자연스레 '변했다'고 보면 된다. 누가 변했는가? '그'가 변했으니 전치사 'in'은 주어신호이다. 사실 본문에서 'change'는 자동사의 개념이므로 목적어신호는 나올 수 없다.

DN change(변화 ⇨ 달라졌다)
OS ×
SS in(그 안에 ⇨ 그가)

⇨ 우리는 동네 길모퉁이에서 마주쳤는데 그가 변해서 깜짝 놀랐다.

05 But we had been in the United States only a few days before the realization came home strongly to my father that they had brought their children to a land of waste.

only a few days before
불과 며칠 전에
come home to 가슴에 와 닿다
bring A to B A를 B에 데려오다
waste 사치

끊어읽기

But we had been / 우리는 있었는데
in the United States / 미국에
only a few days before / 며칠 뒤
the realization came home strongly / 절실히 깨달았다
to my father / 아버지는
that they had brought their children / 그들이 자녀를 데려왔다는 것을
to a land of waste. / 사치의 땅에

* 'realization'을 동사 'realize(깨닫다)'로 바꾸어 이해하면 'come home strongly to'는 의미가 'realize'에 다 포함되기 때문에 굳이 해석하지 않아도 된다. 'strongly'는 부사이므로 뉘앙스를 살리자면 '절실히' 정도가 되겠다.

DN realization(깨달음 ⇨ 깨닫다)
OS ×
SS to(아버지에게 ⇨ 아버지는)

⇨ 우리가 미국에 도착하고 나서 며칠이 지나자 아버지는 자녀를 사치의 땅에 데려왔다는 것을 절실히 깨달았다.

06 There was no one in sight but a girl of about twelve.

no one ~ but A A뿐이다
(A외에는 아무도 없다/아니다)
sight 시야

끊어읽기

There was no one / 아무도
in sight / 보이지 않았다
but a girl of about twelve. / 12살쯤 보이는 소녀 외에는

* 파생명사인 '시야sight'는 동사로 바꾸면 '보이다be seen'가 된다. 따라서 앞선 'no one'이나 'but 이하'는 주어가 된다.

DN sight(시야 ⇨ 보이다)
OS ×
SS ×

⇨ 12살쯤 보이는 소녀 외에는 아무도 보이지 않았다.

07 The great inventions of Thomas A. Edison were the fruit of long and painstaking effort.

inventions 발명품
fruit 결실, 열매
painstaking 힘이 드는

The great inventions / 발명한 위대한 발명품들(걸작)은
of Thomas A. Edison / 토머스 에디슨이
were the fruit / 결실이었다
of long and painstaking effort. / 끈질긴 노고가 낳은

* 'invention'은 추상명사지만 이를 복수형으로 쓰면 보통명사인 '발명품'이 된다. 역시 동사 'invent'에서 왔으니 바꾸어 풀이하면 '발명한 것'으로 이해하면 된다. 'fruit'도 열매라는 보통명사지만 이 또한 동사로 전환할 수 있는데, 'fruit'는 'product'와 유사하기 때문에 '~이 낳았다'고 옮길 수 있다. 즉, 'the fruit of long and painstaking effort'는 '끈질긴 노고가 낳았다'로 처리하면 된다는 것이다.

DN inventions(발명 ⇨ 발명하다) / fruit(열매 ⇨ ~이 낳다)
OS ×
SS of(토머스 에디슨의 ⇨ 토머스 에디슨이) / of(끈질긴 노고의 ⇨ 끈질긴 노고가)

⇨ 토머스 에디슨이 발명한 걸작들은 끈질긴 노고가 낳은 것이다.
(다소 어색하지만 파생명사를 동사로 바꾸는 연습 차원에서 이렇게 옮겨보았다)

08 We live in the kind of world in which there is no possibility of order without concern for the right of others.

in which = where
possibility 가능성
order 질서
concern 관심
right 권리

We live in the kind of world / 우린 이런 세상에 살고 있다

in which / 어떤 곳이냐면(=where)

there is no possibility / 불가능한 곳이다

of order / 질서는

without concern / 신경 쓰지 않으면

for the right of others. / 남의 권리를

* 동사로 바꾸어야 할 명사는 'possibility'와 'concern'인데 'possibility(가능성)'는 형용사 'possible(가능한)'에서 파생되었으므로 목적어신호는 없고, 'concern'은 '~을 걱정하다, 신경 쓰다'이므로 목적어가 필요할 것이다. 따라서 'of'와 'for'는 각각 주어와 목적어신호로 봄직하다.

DN possibility(가능성 ⇨ 가능하다) / concern(관심 ⇨ 신경 쓰다)
OS for(권리를 위한 ⇨ 권리를)
SS of(질서의 ⇨ 질서는)

⇨ 우리는 남의 권리를 신경 쓰지 않으면 질서가 불가능한 세상에 살고 있다.

09 They tend to exert more effort because there is more at stake for him or her personally.

> exert 힘쓰다
> effort 노력
> tend to ~하려는 성향이 있다
> at stake 성패가 달린

They tend to exert more effort / 그들은 좀더 노력한다
because there is more at stake / 성패가 달려있기 때문이다
for him or her personally. / 개인적으로

* 'effort'를 '노력하다'로 보면 'exert'는 생각하지 않아도 된다. 물론 영작을 위해서는 'exert'가 'effort'와 호응한다는 점은 알고 있어야 한다. 문제는 'at stake'인데 이는 '성패가 달려있다'는 뜻이므로 '누가 이기느냐, 지느냐'가 결정된다는 뜻으로 풀이할 수 있다. 따라서 주어신호를 예상해야 한다. 본문에서는 'for'가 주어를 암시한다. 즉, 그가 이기느냐, 지느냐가 결정된다는 이야기다.

DN effort(노력 ⇨ 노력하다) / stake(성패 ⇨ 이기느냐, 지느냐가 달려있다)
OS ×
SS for(그(녀)를 위해 ⇨ 그(녀)가)

⇨ 그들은 웬만하면 더욱더 열심을 낼 것이다. 그가 이기느냐, 지느냐가 결정되기 때문이다.

10 With Kate's question, Susie grew colder and said that it was Kate's responsibility to fix the problem and to get along with her boss.

grow+-er 점점 ~해지다
responsibility 책임
fix 해결하다
get along with ~와 원만하게 지내다

With Kate's question, / 케이트가 따지자
Susie grew colder / 수지는 냉정해지며
and said / 말했다
that it was Kate's responsibility / 케이트가 책임져야 한다
to fix the problem / 문제를 해결하고
and to get along with her boss. / 보스와 원만히 지내야 하는 건

* 'question'과 'responsibility'는 각각 동사 'question'과 형용사 'responsible'로 바꿀 수 있는데 여기서 'question'은 조곤조곤 묻는 'ask'와는 뉘앙스가 다르다. 캐묻거나 추궁하거나 따지는 쪽에 가깝다. 본문의 아포스트로피 에스('s)는 모두 주어신호다. 누가 따지고, 누가 책임을 지는가? 바로 케이트Kate다.

DN question(추궁 ⇨ 따지다) / **responsibility**(책임 ⇨ 책임지다)
OS ×
SS 's(케이트의 ⇨ 케이트가)

⇨ 케이트가 따지자, 수지는 쌀쌀맞은 낯으로 한마디 했다. 케이트는 문제를 해결하고 보스와 원만히 지내야 할 책임이 있다고 말이다.

One Point Lesson

단어의 조합원리

단어가 하이픈(-)으로 연결되면 합성 형용사나 명사가 된다.

- **명사-ed**(주어-동사관계)

purpose-driven life 목적이 이끄는 삶

mountain-and volcano—rimmed valley 산과 화산이 가장자리에 있는 계곡

When you become president, keep our astronauts here safely and let their work be done by our magnificent human-designed, human-controlled, human-oriented robots and computers.
당신이 대통령이 된다면 우주비행사는 안전하게 여기에 두고, 그들의 일은 인간이 디자인하고, 인간이 제어하며, 인간이 중심인 로봇과 컴퓨터에게 맡겨야 한다.

- **명사-명사**(목적어-동사관계/주어-동사관계)

self-defense 자신을 방어함(자기방어)

self-decision 자신이 결정함(자결)

Client self-determination derives logically from the belief in the inherent dignity of each person.
논리적으로 따져볼 때, 고객이 스스로 결정하는 것은 개인의 타고난 품위를 믿는 데서 비롯되는 것이다.

- **명사+명사**(목적어+동사관계/주어+동사관계)

job satisfaction 직업에 만족하는 정도(직업만족도)
consumer decision 소비자가 결정함(소비자 결정)

Alcohol consumption has been linked to an increased risk for various types of cancer.
술을 마시는 것은(음주) 다양한 암의 발병률이 증가한 것과 관계가 깊었다.

A company needs to know the consumer demand so they know how much of a product to make.
회사는 소비자가 요구하는 것(수요)를 알아야 한다. 그래야 제품을 얼마나 만들지 알 수 있으니까.

- **명사-ing**(목적어+동사관계)

decision-making 결정하는(=make a decision)
bomb-sniffing dogs 폭탄을 킁킁거리며 맡는 개

We are not talking about rule-following.
규칙을 준수하는 것을 이야기하는 것이 아니다.

A wood-burning stove is a heating appliance capable of burning wood fuel and biomass fuel, such as wood pellets.
나무를 때는 스토브란 열을 내는 기구로, 나무연료를 비롯하여 목재 팰릿과 같은 바이오매스 연료를 태울 수 있다.

- **형용사-명사+ed**(동사-주어관계)

warm-hearted 가슴이 따뜻한

different-colored 색깔이 다른

What do you think of when you hear the phrase "absent-minded professor"?

"정신이 없는 교수"라는 말을 들을 때 무슨 생각이 나는가?

Others believe that good thinkers are open-minded.

다른 이는 훌륭한 사상가라면 마음이 개방되었으리라 믿는다.

Object signals

2부
목적어 기능 Object Signals

원 포인트 레슨

최상급superlatives

주어 기능에서 밝힌 바와 수순은 같다. 우선 파생명사를 밝히고 목적어와 주어를 암시하는 신호를 구분해서 차례로 설명한 뒤, 문장을 확장하는 순으로 정리할 것이다. 필자가 전달하려는 원리를 파악해보라.

01 conception of the future

미래의 개념?

이해하기 쉬운 말로 바꾸자면 파생명사 'conception'을 'conceive'로 전환할 수 있어야 한다. 즉, 개념보다는 '생각하다'로 본다는 것. 그럼 무엇을 생각할까? 'the future'을 생각하니 of는 목적어를 암시하는 시그널이 된다. 물론 주어 기능을 하는 경우도 많다.

파생명사 **DN**(Derivative Noun) conception(개념 ⇨ 생각하다)
목적어신호 **OS**(Object Signal) of(미래의 ⇨ 미래를)

conception of the future

미래를 생각한다

문장을 확장해보자.

our present conception of the future
미래를 생각한다 / **누가?**
우리가our

DN conception
OS of
SS our(소유격)(우리의 ⇨ 우리가)

our present conception of the future
우리가 미래를 생각한다 / **언제?**
지금present

What is our present conception of the future?
지금 우리는 미래를 어떻게 생각하고 있는가?

02 image of the future

미래의 이미지/상?
파생명사는 무엇인가? image다. 'image'는 'imagine(상상하다)'으로
수월하게 전환할 수 있다. 그렇다면 무엇을 상상하는가? 역시 미래the
future다. 01의 경우처럼 of는 목적어를 암시하는 시그널이 된다.

DN(Derivative Noun) **image**(이미지/상 ⇨ 상상하다)
OS(Object Signal) **of**(미래의 ⇨ 미래를)

image of the future
미래를 상상한다

문장을 확장해보자.

our image of the future
미래를 상상한다 / 누가?
우리가**our**

DN image
OS of
SS our**(소유격)**(우리의 ⇨ 우리가)

How does our image of the future ...
우리가 어떻게 미래를 상상하느냐 …

How does our image of the future affect the choices we are making in the present?
우리가 어떻게 미래를 상상하느냐가 우리가 지금 선택하는 데 영향을 줄까?

the choices(선택 ⇨ 선택하다)
the choices we are making(우리가 하는 선택 ⇨ 우리가 선택하다)

03 much value on technical knowledge

기술적인 지식에 대한 많은 가치?

여기서는 'value'가 파생명사DN인데 동사와 모양이 같다. 명사 '가치'는 '가치를 둔다,' 즉 '가치있게 생각한다,' '중요하게 생각한다'는 의미를 담고 있다. 중요하게 생각하는 것은 '기술적인 지식(기술을 아는 지식)'이므로 'technical knowledge'는 목적어 기능을 할 것이다.

DN value(가치 ⇨ 가치를 둔다/중요시한다)

OS on(기술적인 지식에 대한 ⇨ 기술적인 지식을)

much value on technical knowledge

기술적인 지식을 매우 중요시하다

They set much value on technical knowledge and inventiveness ...

그들은 기술적인 지식과 창의성을 매우 중요시했다.

They set much value on technical knowledge and inventiveness, / which would unlock the riches of the country.

그들은 기술적인 지식과 창의성을 매우 중시했다 / 그것이 국가의 부를 열어줄 테니까(그 덕분에 국가가 부유해질 테니까)

DN riches(부 ⇨ 부유해지다)

SS of(국가의 ⇨ 국가가)

파생명사구문도 일반적인 문장의 어순을 따르는 경우가 많다.

주어 / 동사 / 목적어
They / set much value / on technical knowledge
SS / DN / OS

04 brain operation

'뇌수술'이 맞다. 'operation수술'이라는 파생명사를 동사로 바꾸지 않아도 자연스럽다면 구태여 그럴 필요는 없다. 다만 명사를 보는 시각을 달리해 보는 것이 연습 차원에서는 유익하다. 'operation'을 '수술하다'로 고치면 'brain'은 뇌를 수술하니 목적어 신호가 될 것이다. 여기서는 명사가 목적어 기능을 한다.

DN operation(수술 ⇨ 수술하다)
OS 명사(뇌 ⇨ 뇌를)

brain operation
뇌를 수술하다

a surgeon perform a delicate brain operation
(외과)의사가 정교하게delicate 뇌를 수술한다

operation을 명사에서 동사로 전환한다면 형용사 delicate은 부사로 풀이해야 한다.

문장을 확장해보자.

Not long ago, I had a chance to watch a surgeon perform a delicate brain operation.

의미단위로 끊어 읽자면

Not long ago, / 얼마 전
I had a chance / 나는 우연히
to watch / 보았다
a surgeon perform a delicate brain operation /
의사가 정교하게 뇌를 수술하는 것을

Not long ago, I had a chance to watch a surgeon perform a delicate brain operation.
얼마 전 나는 의사가 정교하게 뇌를 수술하는 것을 목격했다.

05 have no part in a dog's life

개의 삶속에 일부도 없다?

여기서는 'part'를 파생명사로 봐야 한다. part는 '관여'라는 뜻이 있으므로 이를 동사로 풀어쓰면 '관여하다'가 될 것이다. 이때 '~에 관여하다'에서 '~에'는 영어에서 목적어에 해당된다.

DN part(부분/관여 ⇨ 관여하다)
OS in(개의 삶 안에 ⇨ 견생에)

have no part in a dog's life
견생에 전혀 관여하지 않는다

주어 부분을 넣어 문장을 덧붙여보자.

Class distinctions between people / have no part in a dog's life.

또 하나의 파생명사가 보인다. 'distinctions(구분/차별)'을 'distinguish(구분하다/차별하다)'로 전환한다. 무엇을 구분하는가? 'class(계층/계급)'다. 누가 계층을 구별하는가? 사람들people이다.

DN distinctions(구분 ⇨ 구분하다)
OS 명사(class)(계층 ⇨ 계층을)
SS between(사람들 사이에서 ⇨ 사람들이)

Class distinctions between people have no part in a dog's life.
사람들이 계층을 구분하는 것은 견생에 관여하지 않는다.

= 사람이 계층을 구분해도 견생에는 아무런 의미가 없다.

06 kept her in touch with artistic people

예술인과 접촉을 유지했다?
'touch'가 파생명사이기 때문에 'keep in touch with' = 'touch(접촉/연락)'라는 등식이 성립한다. keep에는 지속한다는 뉘앙스가 있으므로 본문은 '누군가와 계속 연락하며 지낸다'는 뜻을 담고 있다. 누구에게 연락하는가? 예술인이다. 영어에서는 '~에게'도 목적어로 취급한다.

DN touch(연락/접촉 ⇨ 연락하다)
OS with(예술인과 함께 ⇨ 예술인에게)

주어 부분을 덧붙여 문장을 만들어보자.

Her musical talent / kept her in touch with a certain number of artistic people.

'talent'가 파생명사로 눈에 확 띈다면 원리를 정확히 이해한 것이다. '재능 talent'은 '재능이 있다be talented(in/at)'로 풀어쓸 수 있으니 주어와 목적어가 자연스레 구분될 것이다.

DN talent(재능 ⇨ ~에 재능이 있다)
SS 소유격**Her**(그녀의 ⇨ 그녀는)
OS 형용사**Musical**(음악적인 ⇨ 음악에)

Her musical talent
그녀는 음악에 재능이 있다

문장에서 재능talent(추상명사)가 주어일 때는 물주구문이라 하여 '~때문에/~해서/~덕분에(~할 수 있다)'처럼 부사적으로 옮기면 글이 한층 매끄러워진다.

Her musical talent / kept her in touch with a certain number of artistic people.
그녀는 음악에 재능이 있어 몇몇 예술인과 연락하며 지낼 수 있었다.

* kept가 과거형이므로 과거로 옮겼다.

07 take part in many happenings in life

인생의 우여곡절에 참여하다?
앞서 말했듯이 파생명사인 'part'는 '관여하다'로 보면 된다. 무엇에 관여하는가? 인생의 우여곡절이다.

DN part(부분/관여 ⇨ 관여하다)
OS in(인생의 많은 우여곡절 안에 ⇨ 인생의 많은 우여곡절에)

many happenings는 in의 목적어이므로 OS로 본다.

take part in many happenings in life

인생의 많은 우여곡절에 관여하다

Luck or the grace of Heaven may seem to take part in many happenings in life ...

운이나 신의 은혜가 인생의 많은 우여곡절에 관여하는 것 같다 …

08 looking into the causes of them

looking은 동명사로 명사적인 성격이 강하다. 여기서 파생명사는 단연 'looking(보다)'이다. 무엇을 보는가? 'the causes of them(그들의 원인 ⇨ 그것을 일으킨 원인)'이므로 목적어신호OS는 'into'가 될 것이다.

DN looking(관찰/봄 ⇨ 보다)
OS into(원인들 안을 ⇨ 원인을)

looking into the causes of them

그것을 일으킨 원인을 본다

a little deeper looking into the causes of them

그것을 일으킨 원인을 좀더 깊이(들여다) 본다

but a little deeper looking into the causes of them reveals that one's own efforts were by far more responsible for them than most people imagine.

A be responsible for B = A cause B
A가 B의 원인이 되다/A가 B를 일으키다

by far more 훨씬 더(비교급 강조)

잠깐, 파생명사가 또 눈에 들어왔다.

DN efforts(노력 ⇨ 노력하다)
OS one's(자신의 ⇨ 자신이)

one's own efforts
자신이(스스로) 노력하다

문장이 길면 앞에서부터 차근차근 아이디어를 정리하며 읽는다.

but a little deeper looking / 그러나 좀더 보면(무엇을?)
into the causes of them / 그것을 일으키는 원인을
reveals / 나타낸다(알게 된다)
that one's own efforts / 자신이 스스로 노력한 바가
were by far more responsible / 훨씬 더 원인이었다는 것을
for them / 그것을 일으킨
than most people imagine 대개가 생각하는 것보다(훨씬 더)

07과 08을 엮어보자.

Luck or the grace of Heaven may seem to take part in many happenings in life, / but a little deeper looking into the causes of them / reveals that one's own efforts were by far more responsible / for them than most people imagine.

운이나 신의 은총이 인생의 많은 우여곡절에 관여하는 것처럼 보이지만, 그것(우여곡절)을 일으키는 원인을 좀더 깊이 들여다보면 자신의 노력이 원인이었다는 사실을 알게 된다. 대개가 생각하는 것보다 훨씬 더 말이다.

09 the impact of climate change on Africa and South Asia

기후변화의 아프리카 및 남아시아에 대한 영향?
먼저 짚어둘 어구가 있다.

A have an impact(influence) on

A가 B에 영향을 주다

여기서 on은 'impact(influence)'의 목적어 역할을 한다는 점에 유념해야 'of'와 'on' 중 어느 것이 주어/목적어인지 헷갈리지 않는다. 'on'이하가 목적어 기능을 한다면 'of'는 주어신호SS가 될 것이다.

DN impact(영향 ⇨ 영향을 주다)
OS on(아프리카 및 남아시아에 대해 ⇨ 아프리카 및 남아시아에)
SS of(기후변화의 ⇨ 기후변화가)

climate change는 '기후가 변화한다'고 볼 수도 있다.

the impact of climate change on Africa and South Asia
기후변화가 아프리카 및 남아시아에 영향을 준다

본문 전체를 읽으면서 파생명사를 찾아보자.

U.S. Assistant Secretary of State Kurt Campbell recently wrote that the impact of climate change on Africa and South Asia, including "the expected decline in food production and fresh drinking water, combined with the increased conflict sparked by resource scarcity," is likely to produce "a surge in the number of Muslim immigrants to the European Union(EU)," doubling Europe's Muslim population within the next twelve years, "and it will be much larger if, as we expect, the effects of climate change spur additional migration from Africa and South Asia."

(앨 고어Al Gore의 『더 퓨처The Future』 중에서)

파생명사를 써보자. 몇 개인가?(change도 포함)

_____

_____

_____

(정답은 137페이지)

U.S. Assistant Secretary of State Kurt Campbell recently wrote that the impact of climate change on Africa and South Asia, including "the expected decline in food production and fresh drinking water, combined with the increased conflict sparked by resource scarcity," is likely to produce "a surge in the number of Muslim immigrants to the European Union(EU)," doubling Europe's Muslim population within the next twelve years, "and it will be much larger if, as we expect, the effects of climate change spur additional migration from Africa and South Asia."

주어신호SS와 목적어신호OS를 찾아보자.

U.S. Assistant Secretary of State Kurt Campbell recently wrote that the impact of climate change on Africa and South Asia

DN impact(영향 ⇨ 영향을 주다)
OS on(아프리카 및 남아시아에 대해 ⇨ 아프리카 및 남아시아에)
SS of(기후변화의 ⇨ 기후변화가)

including "the expected decline in food production and fresh drinking water

DN _____
SS _____
OS _____

combined with the increased conflict sparked by resource scarcity,"

DN _____

SS _____

OS _____

is likely to produce "a surge in the number of Muslim immigrants to the European Union(EU),"

DN _____

SS _____

OS _____

doubling Europe's Muslim population within the next twelve years,

"and it will be much larger if, as we expect, the effects of climate change spur additional migration from Africa and South Asia."

DN _____

SS _____

OS _____

U.S. Assistant Secretary of State Kurt Campbell recently wrote / that the impact of climate change on Africa and South Asia

DN impact(영향 ⇨ 영향을 주다)
OS on(아프리카 및 남아시아에 대해 ⇨ 아프리카 및 남아시아에)
SS of(기후변화의 ⇨ 기후변화가)

커트 캠벨(미국무부) 차관보는 최근 썼다 / 기후변화가 아프리카와 남아시아에 영향을 준다는 것을

including "the expected decline in food production and fresh drinking water

DN decline(감소 ⇨ 감소하다) / production(생산 ⇨ 생산하다)
SS in(식량생산 안에 ⇨ 식량생산이)
OS 명사(food)(식량 ⇨ 식량을)

(그가) 덧붙이기를 "농산물 생산(량)과 식수가 감소될 것으로 보인다expected"

combined with the increased conflict sparked by resource scarcity,"

DN conflict(충돌/분쟁 ⇨ 충돌하다) / scarcity(부족 ⇨ 부족하다)
SS 명사(resource)(자원 ⇨ 자원이)
OS ×

아울러combined with, 자원이 부족한 탓에 충돌하는 횟수도 늘었다

is likely to produce "a surge in the number of Muslim immigrants to the European Union(EU),"

DN surge(급증 ⇨ 급증하다) / immigrants(이민자들 ⇨ 이민가는 사람들)
SS in(무슬림 이민자 수 안에 ⇨ 무슬림 이민자 수가)
OS ×

그래서 EU로 이주하는 무슬림 사람 수가 급증할 공산이 크다

doubling Europe's Muslim population within the next twelve years,

(그러면) 유럽에 정착하는 무슬림 인구는 12년 안에within 두 배로 증가할 것이다

"and it will be much larger if, as we expect, the effects of climate change spur additional migration from Africa and South Asia."

DN effect(영향 ⇨ 영향을 주다) / migration(이주 ⇨ 이주하다)
SS of(기후변화의 ⇨ 기후변화가)
OS ×

예상하다시피as we expect, 기후변화로 아프리카 및 남아시아를 떠나려는 사람이 더 늘어난다면additional(유럽에) 무슬림 인구it는 훨씬 더 많아질 전망이다.

아이디어를 정리하면서 의미 단위로 끊어 읽어보자.

U.S. Assistant Secretary of State / 미국무부 차관보인
Kurt Campbell recently wrote / 커트 캠벨은 최근 썼다(무엇을?)
that the impact of climate change / 기후변화가 영향을 준다고(무엇에)
on Africa and South Asia, / 아프리카와 남아시아에
including "the expected decline / 아울러 감소할 것으로 보인다(무엇이?)
in food production and fresh drinking water, / 식량생산량과 식수가
combined with the increased conflict / 그리고 충돌하는 건수도 늘었다(왜?)
sparked by resource scarcity," / 자원이 부족해서
is likely to produce / 그러다 보니 ~할 공산이 커졌다
"a surge in the number of Muslim immigrants /
이주하는 무슬림 수가 급증할 공산이(어디로?)

to the European Union(EU)," / EU로
doubling Europe's Muslim population /
그러면 유럽에 거주하는 무슬림은 두 배가 된다

within the next twelve years, / 앞으로 12년 안에
"and it will be much larger / 아울러 무슬림 인구는 훨씬 더 증가할 것이다
if, as we expect, / 예상하다시피, 만일
the effects of climate change spur / 기후변화가 영향을 준다면(무엇에?)
additional migration / 이주하는 사람이 더 늘어나는 데
from Africa and South Asia." 아프리카에서 남아시아를 떠나(로부터)

문장을 다시 읽어보자.

U.S. Assistant Secretary of State Kurt Campbell recently wrote that the impact of climate change on Africa and South Asia, including "the expected decline in food production and fresh drinking water, combined with the increased conflict sparked by resource scarcity," is likely to produce "a surge in the number of Muslim immigrants to the European Union(EU)," doubling Europe's Muslim population within the next twelve years, "and it will be much larger if, as we expect, the effects of climate change spur additional migration from Africa and South Asia."

10 the cultural consciousness

문화적인 의식?

09에서 난데없이 강행군을 한 탓에 다소 피로감이 남아있지 않나 싶다. 위 어구에서는 'consciousness(의식)'가 파생명사이므로 '의식'을 '의식하다be conscious'로 보면 된다. 무엇을 의식하는가? 문화다.

DN consciousness(의식 ⇨ 의식하다)
OS 형용사(cultural)(문화적인 ⇨ 문화를)

the cultural consciousness
문화를 의식하다

The introduction of new technologies into a society / is conditioned by the cultural consciousness.

*condition ~을 좌우하다
be conditioned ~에 좌우되다

'introduction'도 DN이므로 주어나 목적어를 찾아야 한다.

DN introduction(도입 ⇨ 도입하다)(무엇을?)
OS of(신기술의 ⇨ 신기술을)

The introduction of new technologies into a society ...
신기술을 사회에 도입하다

The introduction of new technologies into a society / is conditioned by the cultural consciousness.
신기술을 사회에 도입하느냐 마느냐 문화를(어떻게) 의식하느냐에 좌우될 것이다.

01 The view *of* the earth from the moon fascinated me.

02 I think that it is really a sense *of* indignity.

03 People's use *of* various technologies allows them a nearly infinite array of possibilities for recreating themselves in a wide range of virtual platforms.

04 In an ideal world, appraisal *of* workers' performances would be based solely on how well they do their jobs.

05 Among them are two fears: fear *of* falling and fear *of* loud noises.

06 Thus freedom *of* thought, in any sense, includes freedom *of* speech.

07 There are, at times, explosions *of* energy and great flames touched off by a tiny spark, leading to an out-of-control blaze of conflict.

08 At other times, well-handled conflict, with a safe discussion leading to resolution of a problem, can provide light and warmth in a relationship, leading to increased feelings *of* intimacy and closeness.

09 All of this was in addition to Kate's sense *of* dread from the simple act of driving to work.

10 In short, globalization facilitated the spread of problems across borders, while contributing to a heightened awareness *of* their existence.

01 The view *of* the earth from the moon fascinated me.

view 전망, 시야, 관점
fascinate 감명을 주다

끊어읽기

The view of the earth / 지구를 보니
from the moon / 달에서
fascinated me. / 황홀했다

* 전체적인 주어가 'view'라는 무생물주어기 때문에 부사적으로 처리한다. '~을 보니' 정도면 좋겠다. 파생명사인 'view'는 동사로 전환했을 때 'see'와 의미가 유사하다. 이때 'of'는 목적어신호이므로 '지구를(보다)'로 이해해야 타당하다. 파생명사의 원형을 찾기 어렵다면 유사한 의미로 대체해도 무방하다.

DN view(전망 ⇨ ~을 보다)
OS of(지구의 ⇨ 지구를)
SS ×

⇨ 달에서 지구를 보니 황홀했다.

02 I think that it is really a sense *of* indignity.

sense 감각
indignity 모욕

I think that / 생각건대
it is really a sense / 정말 느꼈다
of indignity. / 모욕을

* sense는 명사와 동사의 모양이 같다. 동사일 때는 '느끼다, 감지하다' 정도가 될 터인데 이를 다른 어구로 쉽게 풀어쓰면 동사 'feel'로 정리할 수 있다. 따라서 '느꼈다'에는 주어와 목적어가 필요한데 주어는 I로 밝혀졌으니 of는 목적어신호가 될 것이다. 본문은 '모욕을 느꼈다'는 뜻이다.

DN sense(감각 ⇨ 느끼다)
OS of(모욕의 ⇨ 모욕을)
SS ×

⇨ 생각해보니 심히 모욕을 느낀 것 같다.

03 People's use *of* various technologies allows them a nearly infinite array of possibilities for recreating themselves in a wide range of virtual platforms.

use 사용
infinite 무한한
array 배열, 무리
possibility 가능성
recreate 재창조하다
virtual 가상적인
platform 플랫폼

People's use / 사람이 사용한다
of various technologies / 다양한 기술을
allows them / (그러면) 할 수 있게 된다
a nearly infinite array of possibilities / 거의 무한히 가능해졌다
for recreating themselves / 레크리에이션이
in a wide range of virtual platforms. / 폭넓은 가상의 플랫폼에서

* 파생명사는 동사와 명사의 형태가 같은 use, 그리고 형용사에서 비롯된 possibility를 꼽을 수 있다. use 앞뒤에 배치된 어구는 각각 '주어(people's)'와 '목적어(of various technologies)'로 일반어순과 같다. 즉, '사람들이 다양한 기술을 사용한다'는 뜻이다. 본문도 물주구문이므로 부사처럼 인과관계로 처리한다. '무생물주어+allow A(to B)'는 '무생물주어하다 보니 A가 B를 할 수 있게 되었다'로 풀이한다.

DN use(사용 ⇨ 사용하다) / possibility(가능성 ⇨ 가능해지다, 할 수 있게 되다)
OS of(다양한 기술의 ⇨ 다양한 기술을)
SS people's(사람들의 ⇨ 사람들이) / for(레크리에이션을 위해 ⇨ 레크리에이션이)

⇨ 사람들이 다양한 기술을 사용하다보니 폭넓은 가상 플랫폼에서 거의 무한히 레크리에이션을 즐길 수 있게 되었다(레크리에이션이 가능해졌다).

04 In an ideal world, appraisal *of* workers' performances would be based solely on how well they do their jobs.

ideal 이상적인
appraisal 평가
performance 실적
be based on ~에 기초하다
solely 오직

In an ideal world, / 이상적인 세상에서
appraisal of workers' performances / 직원의 실적을 평가하는 것은
would be based solely / 오직 토대로 둔다
on how well they do their jobs. / 일을 얼마나 잘하는지

* 파생명사는 'appraisal(평가)'인데 이를 동사로 고치면 'assess(평가하다)' 정도로 보면 될 것 같다. of는 목적어신호이므로 '직원의 실적을 평가하다'로 정리할 수 있다.

DN appraisal(평가 ⇨ 평가하다)
OS of(직원의 실적의 ⇨ 직원의 실적을)
SS ×

⇨ 이상적인 사회에서 직원의 실적은 '일을 얼마나 잘 하는지'만 따져보고 평가할 것이다.

05 Among them are two fears: fear *of* falling and fear *of* loud noises.

fear 두려움
falling 추락
loud 시끄러운

끊어읽기

Among them / 그 중에는
are two fears: / 두 가지의 두려움이 있다
fear of falling / 추락을 두려워하고
and fear of loud noises. / 시끄러운 소음을 두려워한다

* fear이 파생명사이므로 이를 동사로 바꾸면 '~을 두려워한다, 우려하다'로 풀이하면 된다. 본문에는 'among them'이 맨 앞에 오면서 동사가 주어를 앞지르는 '도치'현상이 눈에 띈다. 도치는 흔히 강조를 위해 구사한다. 무엇을 두려워하는가? 추락과 소음이다. 참고로 콜론(:)은 예를 들 때 많이 쓴다.

DN fear(두려움 ⇨ 두려워하다)
OS of(추락의 ⇨ 추락을) / of(시끄러운 소음의 ⇨ 시끄러운 소음을)
SS ×

⇨ 그 가운데에는 '추락'과 '시끄러운 소음'을 우려하는 두 가지의 '두려움'이 있다.

06 Thus freedom *of* thought, in any sense, includes freedom *of* speech.

thus 따라서
thought 생각
valuable 소중한
freedom 자유
speech 말, 언론

끊어읽기

Thus freedom of thought, / 따라서 생각을 자유롭게 한다는 것은
in any sense, / 어떤 의미에서
includes freedom of speech. / 말을 자유롭게 한다는 것을 포함한다

* 동사로 전환해야 할 명사는 'freedom'인데 이는 형용사 'free'에서 파생되었으므로 적절히 동사적인 의미로 옮기면 '자유롭게 ~을 하다' 정도가 아닐까 싶다. 무엇을 자유롭게 하는가? 생각thought과 말speech이다.

DN freedom(자유 ⇨ 자유롭게 하다)
OS of(생각의 ⇨ 생각을) / of(말의 ⇨ 말을)
SS ×

⇨ 그러니 어떤 의미에서 '자유롭게 생각한다' 는 데는 '말을 자유롭게 한다' 는 뜻이 담겨있다.

07 There are, at times, explosions *of* energy and great flames touched off by a tiny spark, leading to an out-of-control blaze of conflict.

there are ~이 있다
at times 때때로
explosion 폭발
touch off 촉발하다
flame 화염
spark 불꽃
tiny(아주) 작은
out-of-control 걷잡을 수 없는
blaze 화재
conflict 갈등

끊어읽기

There are, at times, / 이따금씩 있다
explosions of energy / 에너지를 폭발시켜
and great flames / 엄청난 화염을 만들어낸다(무엇이?)
touched off by a tiny spark, / 작은 불꽃이
leading to / 그러면 결국
an out-of-control blaze of conflict. / 갈등은 걷잡을 수 없이 타오를 것이다

* lead to는 인과관계를 나타내는 어구로 앞에는 원인이, 뒤에는 결과가 온다. explosion은 explode에서 파생된 명사이므로 이를 '폭발시킨다' 혹은 '터뜨린다'로 보면 be touched off는 신경 쓰지 않아도 된다. 이때 by는 주어를 암시하는 신호로 본다. 즉, 작은 불꽃이 에너지를 폭발시킨 다는 뜻이다. 'blaze'도 명사지만 동사적인 의미로 고치면 '~이 타오른다' 로 이해할 수 있다. 무엇이 타오르는가? 갈등이 타오르니 'of'는 주어신호

가 되고 'out of control'은 형용사에서 부사로 전환된다. 이처럼 명사를 동사로 바꾸면 There are는 해석하지 않아도 된다.

DN explosions(폭발 ⇨ 터뜨리다) / **blaze**(화재 ⇨ 타오르다)

OS of(에너지의 ⇨ 에너지를)

SS by(작은 불꽃에 의해 ⇨ 작은 불꽃이) / of(갈등의 ⇨ 갈등은)

⇨ 작은 불꽃이 에너지를 폭발시켜 대형화재를 만들어낼 때가 더러 있는데 그러면 갈등은 걷잡을 수 없이 타오르고 만다.

08 At other times, well-handled conflict, with a safe discussion leading to resolution of a problem, can provide light and warmth in a relationship, leading to increased feelings **of** intimacy and closeness.

well-handled 잘 대처한
resolution 해결책
warmth 온기, 따스함
intimacy 친밀함
closeness 친근함

끊어읽기

At other times, / 반면
well-handled conflict, / 갈등은 잘 대처하면
with a safe discussion / 조곤조곤 의논해서
leading to resolution of a problem, / 그러면 문제를 해결하게 된다
can provide light and warmth / 빛과 온기를 줄 수 있다
in a relationship, / 대인관계에

leading to increased feelings / 그러면 좀더 느낄 수 있다
of intimacy and closeness. / 친밀하고도 친근한 감정을

* 'well-handled conflict can provide ~'로 연결되므로 본문 또한 물주
구문(무생물주어)이다. 그래서 '잘 대처한 갈등'이 아니라 부사적인 의미
'갈등은 잘 대처하면'으로 풀이했다. 'leading to'가 인과관계 문장이라는
점을 일러준다.

DN discussion(의논 ⇨ 의논하다) / **resolution**(해결 ⇨ 해결하다)
　　feelings(감정 ⇨ 느끼다)
OS of(문제의 ⇨ 문제를) / of(친밀감과 친근감의 ⇨ 친밀하고도 친근한 감정을)
SS ×

⇨ 반면 갈등은 원만한 대화로 잘 대응하여 문제를 해결하면 대인관계에 빛과 온기가 될 수 있다.
그러면 점차 친밀하고도 친근한 감정을 느끼게 될 것이다.

09 All of this was in addition to Kate's sense *of* dread from the simple
act of driving to work.v

in addition to ~에 더해
drive to work 승용차로 출근하다

끊어읽기

All of this was in addition / 이것도 모자라
to Kate's sense of dread / 케이트는 두려움을 느꼈다

from the simple act / 단순한 행동 때문에
of driving to work. / 차로 출근하는

* 파생명사 'sense' 앞뒤로 's와 of가 각각 주어와 목적어를 암시하고 있다. 즉, 케이트가 두려움을 느꼈다는 것이다. 참고로 'drive to work'를 응용하면 'walk to work(걸어서 출근하다),' 'walk to school(걸어서 학교 가다),' 'drive to school(차를 타고 학교에 가다)'이라 쓸 수도 있다.

DN sense(감각 ⇨ 느끼다)
OS of(두려움의 ⇨ 두려움을)
SS Kate's(케이트의 ⇨ 케이트는)

⇨ 이것도 모자라 케이트는 제 차를 타고 출근하기도 무서웠다.

10 In short, globalization facilitated the spread of problems across borders, while contributing to a heightened awareness *of* their existence.

> globalization 세계화
> facilitate 촉진
> spread 확산
> (원인) contribute to(결과)
> heighten 고조시키다
> awareness 의식
> existence 존재

In short, / 요컨대
globalization facilitated the spread / 세계화가 확산시켰다
of problems across borders, / 문제를 국경 안팎으로
while contributing to a heightened awareness / 한편 의식이 고조되었다
of their existence. / 문제가 존재한다는

* 파생명사를 찾아보자. spread, awareness, existence이다. 이를 동사로 바꾸면 'spread(목적어를 쓰는 타동사)'와 'be aware of(형용사)', 'exist(목적어가 없는 자동사)'가 될 것이다. 'spread'와 'be aware of'는 의미상 '~을 확산시키다'이므로 목적어가 필요하다. 주어는 단연 'globalization.' 무엇을 확산시키는가? 문제problems를 국경 안팎으로 across borders 확산시킨다. 앞서 말했듯이, 아울러 'contribute to'는 인과관계를 나타내는 어구이므로 이하가 '결과'라는 점에 유의하라.

DN spread(확산 ⇨ 확산시키다) / awareness(의식 ⇨ 의식하다)

existence(존재 ⇨ 존재하다)

OS of(문제의 ⇨ 문제를 확산시킨다)

SS of(문제의 ⇨ 문제가 존재한다)

⇨ 요컨대, 세계화가 문제를 국경 안팎으로 확산시키자(각국은) 이를(문제가 벌어졌다는 것을) 좀 더 의식하게 되었다.(물주구문을 명사 그대로 옮김)

⇨ 요컨대, 세계화 탓에 문제가 국경 안팎으로 확산되자(각국은) 이를(문제가 벌어졌다는 것을) 좀더 의식하게 되었다.(물주구문을 부사로 옮김)

01 It seems the curse of modern man continually to confront new possibilities of *self*-destruction.

02 Thus it becomes an arbitration agency instead of a *law*-making and law-enforcing agency.

03 There is also a danger of physician health impairment from prolonged exposure to *safety*-threatening environmental factors known as stressors.

04 The intensification of the process of globalization in the 1990s was a second important element in the new context of *aid*-giving.

05 How To Stop Making 9 *Self*-Sabotaging Mistakes.

06 The economic and personal needs of the population are a central driving force that requires *land*-use decisions to be made.

07 The unsustainable erosion of topsoil and loss of soil fertility are depressing crop yields in several important *food*-growing regions.

08 In all, there will be more *city*-dwellers in the world than the entire population of the world at the beginning of the 1990s.

09 They boil down to nine *self*-defeating mistakes that are worthy of our attention because with relatively little insight and effort we can stop making them.

10 We have been programmed with *consciousness*-controlling messages that misdirect our behavior.

01 It seems the curse of modern man continually to confront new possibilities of *self*-destruction.

curse 저주
continually 반복적으로
(continuous는 끊이지 않고 계속되는)
confront 마주하다
destruction 파괴

풀어읽기

It seems the curse / 저주인 듯하다
of modern man / 현대인이 감당해야 할
continually to confront new possibilities / 반복적으로 가능해진다는 것이
of self-destruction. / 자신을 파괴하는 행위가

* 명사 'possibilities'와 'destruction'은 각각 'possible'과 'destroy'에서 파생된 어구이다. 따라서 동사 '가능하다'와 '파괴하다'로 바꾸면 의미가 수월하게 전달될 것인데, 이때 confront는 풀이하지 않아도 뜻은 통한다. '새로운 가능성에 직면하다confront new possibilities'라고 해도 무방하지만 파생명사를 동사로 바꾸는 연습 차원에서 '재차 가능해진다'로 응용해보자. 하이픈으로 연결된 'self-destruction'은 '목적어+동사'관계인 두 어구를 엮은 합성어로 '자신을 죽인다, 파괴한다'로 이해한다.

DN possibilities(가능성 ⇨ 가능해지다) / destruction(파괴 ⇨ 파괴하다)
OS self(자기 ⇨ 자신을)
SS ×

⇨ 지속적으로 자신을 파괴할 수 있다는 것이 현대인이 감당해야 할 저주인 듯싶다.

02 Thus it becomes an arbitration agency instead of a *law*-making
and law-enforcing agency.

> arbitration 중재
> agency 기관
> law-making 법을 제정하는(입법의)
> law-enforcing 법을 집행하는(사법의)

끊어읽기

Thus it becomes an arbitration agency / 따라서 그것은 중재기관이 되고 있다
instead of a law-making / 법을 제정하고
and law-enforcing agency. / 법을 집행하는 기관(이 아니라instead of)

* 하이픈으로 연결된 명사+명사는 목적어+동사 관계로 봄직하다(합성어
에 대한 자세한 원리는 원 포인트 레슨을 참조하라). 즉, 법을 제정하고law-making,
법을 집행한다law-enforcing로 풀이할 수 있다는 것이다. 'instead of A'
는 A가 아니라는 뜻이다.

DN making(제정 ⇨ 제정하다) / **enforcing**(집행 ⇨ 집행하다)
OS law(법 ⇨ 법을)
SS ×

⇨ 따라서 그것은 법을 제정하고 집행하는 기관이 아니라 중재기관으로 전락할 것이다.

03 There is also a danger of physician health impairment from prolonged exposure to ***safety***-threatening environmental factors known as stressors.

danger 위험
physician(내과)의사
impairment 장애
prolonged 장기적인
exposure 노출
factor 변수, 요인
known as ~로 알려진, 소위
stressor 스트레스원

끊어읽기

There is also a danger / 가능성이 있다
of physician health impairment / 의사도 건강을 해칠
from prolonged exposure / 장기적으로 노출되면
to safety-threatening environmental factors / 안전(건강)을 위협하는 환경요인에
known as stressors. / 스트레스원이라는

* 'danger'는 파생명사는 아니지만 동사로 바꾸어 '~일 수 있다, ~일 가능성이 있다(부정적인 뉘앙스)'로 바꾸면 뜻을 쉽게 이해할 수 있다.

'physician health impairment(의사의 건강 손상)'는 'impairment'를 동사로 전환하면 주어와 목적어를 갖춘 완전한 문장이 된다. 즉, 의사가 physician(SS) 건강을health(OS) 해친다impairment(DN)는 뜻이 된다. 이때 'safety threatening'은 문맥상 'health threatening'으로 대체해도 무방하다.

'prolonged exposure to(~의 장기적인 노출 ⇨ ~에 장기적으로 노출되다)'에서 'exposure'은 동사 'expose'에서 파생된 어구인데 명사와 동사가 모두 전치사 'to'를 붙였다. 이처럼 자동사는 명사로 바뀌더라도 전치사가 달라지지 않는다는 점도 알아두자.

DN danger(위험 ⇨ 가능성이 있다) / impairment(장애 ⇨ 해치다)

　　exposure(노출 ⇨ 노출되다) / threatening(위협 ⇨ 위협하는)

OS health(건강 ⇨ 건강을) / safety(안전 ⇨ 안전을) / to(환경요인의 ⇨ 환경요인에)

SS physician(의사의 ⇨ 의사는)

⇨ 의사도 '스트레스원'이라는, 안전(=건강)을 위협하는 환경요인에 장기적으로 노출되면 건강을 해칠 수 있다.

04 The intensification of the process of globalization in the 1990s was a second important element in the new context of ***aid*-giving.**

> intensification 강화, 증강
> process 과정
> globalization 세계화
> context 맥락
> aid-giving 원조(도움을 주다)

끊어읽기

The intensification of the process of globalization / 세계화가 강화되다
in the 1990s / 1990년대에

was a second important element / 두 번째로 중요한 요인이었다
in the new context of aid-giving. / 원조라는 새로운 맥락에서

* 'The intensification of the process of globalization'은 'intensification(강화)'을 동사로 바꾸면 '세계화 과정을 강화하다'인가, '세계화 과정이 강화되다'인가? 첫 번째는 'of'가 목적어신호가 되고, 두 번째는 주어신호가 될 것이나, 본문에서 주어를 밝히지 않았기 때문에 'of'를 주어신호로 보고 '세계화 과정이 강화되었다'라고 풀이한 것이다.

DN intensification(강화 ⇨ 강화되다) / **giving**(지원 ⇨ 지원하다)
OS aid(원조 ⇨ 원조를)
SS of(세계화의 ⇨ 세계화가)

⇨ 1990년대 당시 세계화가 강화되었다는 사실은 원조라는 새로운 맥락에서 둘째로 중요한 변수였다.

05 How To Stop Making 9 *Self*-Sabotaging Mistakes.

sabotage(고의적으로) 파괴하다

끊어읽기

How To Stop / 중단하는 비결
Making 9 Self-Sabotaging / 아홉 가지 자신을 해치는
Mistakes. / 잘못을

* 'self-sabotaging' 또한 앞서 말한대로 '목적어+동사' 개념으로 보면 된다. 'make a mistake'는 명사 'mistake'를 동사로 보면 'make'는 신경쓰지 않아도 된다. 하지만 'mistake' 앞에 'make'가 호응한다는 점은 알아두어야 한다. '잘못'으로 처리하는 편이 더 자연스럽겠지만 파생명사를 연습한다는 취지로 '잘못하다' 혹은 '잘못을 저지르다'라고 쓴 것이다.

DN sabotaging(파괴 ⇨ 해치다) / **mistakes**(잘못 ⇨ 잘못을 저지르다)
OS self(자기 ⇨ 자신을)
SS ×

⇨ 자신을 해치는 아홉 가지 잘못을(저지르는 것을) 중단하는 요령

06 The economic and personal needs of the population are a central driving force that requires **land**-use decisions to be made.

central 중추적인
driving force 원동력
require 반드시 ~해야 한다

끊어읽기

The economic and personal needs / 경제적 · 개인적으로 필요하다는 것은
of the population / 인구가
are a central driving force / 중추적인 원동력이다
that requires land-use decisions / 토지를 이용할지 여부를 반드시 결정(해야 한다)
to be made. / 해야 한다(신경 쓰지 말기)

* 'decisions'를 '결정하다'로 보면 'to be made'는 해석하지 않아도 되고 'require'는 '의무'의 뉘앙스를 살려주면 된다. 즉, '반드시 결정해야 한다'는 것이다. 무엇을 결정하는가? 'land-use'다. 'land-use'는 'decisions(결정하다)'의 목적어신호가 되는 동시에 이를 분석하면 '목적어+동사(토지를 이용-하다)'로 의미를 파악해야 한다.

DN needs(필요 ⇨ 필요하다) / **use**(이용 ⇨ 이용하다) / **decisions**(결정 ⇨ 결정하다)
OS land(토지 ⇨ 토지를)
SS of(인구의 ⇨ 인구가)

⇨ 인구가 경제적·개인적으로(무언가가) 필요하다는 것은 중요한 원동력으로, 토지를 이용할지 여부를 결정해야 하는 문제다.

07 The unsustainable erosion of topsoil and loss of soil fertility are depressing crop yields in several important **food**-growing regions.

unsustainable 지속할 수 없는
erosion 침식
topsoil 표토
loss 유실
fertility 생산성
yields 생산량
depress 떨어뜨리다
region 지역

끊어읽기

The unsustainable erosion of topsoil / 언젠가는 소실될 만큼 표토가 침식하고
and loss of soil fertility / 토지 비옥도가 감소한 탓에

are depressing crop yields / 생산량이 떨어지고 있다

in several important food-growing regions. / 주요 곡창지대에서

* 명사 'erosion'을 동사 'erode(침식하다)'로 바꾸면 형용사인 'unsustainable'은 부사의 의미를 띄게 된다. 이때 부사로 처리하는 'unsustainable'은 '지속할 수 없다'는 뜻이므로 '언젠가는 소실돼 버린 다'는 뉘앙스가 담겨있다. 즉, 표토가 침식하면 언젠가는 소실돼 버린다 는 뜻이다.

DN erosion(침식 ⇨ 침식하다) / **loss**(상실 ⇨ 잃다) / **growing**(재배 ⇨ 재배하다)
OS food(농산물 ⇨ 농산물을)
SS of(표토의 ⇨ 표토가)

⇨ 언젠가는 소실될 정도로 표토가(심하게) 침식하고, 토지 비옥도가 감소한 탓에 주요 곡창지대 의 농산물 생산량은 부진한 실정이다.

08 In all, there will be more *city*-dwellers in the world than the entire population of the world at the beginning of the 1990s.

> in all 아마도
> dweller 주민
> entire 전체의

끊어읽기

In all, / 아마

there will be more city-dwellers / 도시에 사는 사람이 더 많아질 것이다

in the world / 전 세계를 통틀어

than the entire population of the world / 전 세계 인구보다

at the beginning of the 1990s. / 90년대 초

* 'city-dwellers'는 'dwell in cities'로 바꿀 수 있으므로 'city'는 전치사 'in'의 목적어가 된다. 본문 전반의 아이디어는 '도시에 사는 사람이 많아질 것'이라는 내용이다.

DN dwellers(주민 ⇨ ~에 살다)

OS city(도시 ⇨ 도시에)

SS ×

⇨ 90년대 초에 집계된 세계 총인구보다 더 많은 사람이 도시에 자리를 잡게 될 것이다.

09 They boil down to nine *self*-defeating mistakes that are worthy of our attention because with relatively little insight and effort we can stop making them.

> boil down to ~으로 귀결되다
> self-defeating 자신을 패배시키는
> be worthy of = be worth
> insight 통찰력, 선견지명

끊어읽기

They boil down / 결국에는

to nine self-defeating mistakes / 9가지 잘못을 저질러 자신을 패배자로 만들 것이다

that are worthy of our attention / 이는 우리가 주목해야 할 가치가 있다
because with relatively little / 비교적 조금만
insight and effort / 통찰하고 노력하면
we can stop making them. / 중단시킬 수 있기 때문이다

* 파생명사가 상당히 많다. defeating, mistake, attention, insight, effort인데 동사에서 파생된 것이 아닌 명사도 있으니 문맥에 맞게 아이디어를 풀어쓰면 좋을 것이다. 우선 'nine self-defeating mistakes'는 '아홉 가지 잘못nine mistakes'과 '자신을 패배시킨다self-defeating'는 두 가지 아이디어를 합성했다.

'our attention'은 '주어와 동사'로 이루어졌다고 보면 '우리가 주목한다'는 뜻이고, 'with relatively little insight and effort'는 '통찰하고 노력한다'는 동사로 바꾸면 뜻이 자연스럽게 연결될 것이다.

DN defeating(패배 ⇨ 패배시키다) / **mistake**(잘못 ⇨ 잘못을 저지르다)
    attention(주목 ⇨ 주목하다) / **insight**(통찰력 ⇨ 통찰하다)
    effort(노력 ⇨ 노력하다)
OS self(자기 ⇨ 자신을)
SS our(우리의 ⇨ 우리가)

⇨ 결국에는 아홉 가지 잘못을 저질러 자신을 패배자로 만들고 말 것이다. 아홉 가지 잘못은 우리가 주목해 볼 필요가 있다. 조금이나마 통찰하고 노력하면 이를 중단시킬 수 있기 때문이다.

10 We have been programmed with ***consciousness***-controlling messages that misdirect our behavior.

be programmed with
~으로 설정되다
consciousness 의식
misdirect(방향을) 잘못 잡다

끊어읽기

We have been programmed / 우리는 설정되어 있다
with consciousness-controlling messages / 의식을 제어하는 메시지가
that misdirect our behavior. / (메시지는) 행동을 엉뚱한 방향으로 인도한다.

* 'consciousness controlling(의식제어)'은 'control consciousness(의식을 제어하다)'를 돌려 표현한 것이다. 이처럼 두 단어의 순서를 바꾸어 읽으면 자연스럽게 풀리는 경우가 더러 있다.

DN controlling(제어 ⇨ 제어하다)
OS consciousness(의식 ⇨ 의식하다)
SS ×

⇨ 우리에게는 의식을 제어하는 메시지가 설정되어 있는데, 이는 행동을 엉뚱한 방향으로 인도한다.

Chapter 3 Others

01 Gregg **took a look at** the checkbook and became livid when he saw an entry for $150 made out to a department store.

02 Over 57% of them cite "*low adaptability to change*" as a reason for not keeping older workers.

03 Over the past five years the number of men aged 18 to 35 and thus eligible for **mandatory military service** has dropped by over 120,000.

04 Caring for the elderly is a formidable long-term burden, but South Korea's ageing also **poses some more immediate problems**.

05 Her sisters used to say that they rather liked to **get Sheryl into a fury**, because she was such an angel afterwards.

06 These considerations should give *pause to supporters of* increasing children's self-esteem as *a comfort for* educational *underachievement.*

07 Englishmen have often, in the variety of fields, been either *leaders of* or valuable *contributors to* noteworthy progress.

08 Environmental scientists study *the influence of* human actions on natural processes.

09 However, subjective biases often affect worker*s' evaluations.*

10 Today, for instance, electricity is *man's humble servant,* performing *a thousand tasks with tremendous efficiency.*

01 Gregg **_took a look at_** the checkbook and became livid when he
saw an entry for $150 made out to a department store.

끊어읽기

Gregg took a look / 그레그는 봤다(무엇을?)
at the checkbook / 수표책을
and became livid / 그러자 화가 났다
when he saw an entry / 항목을 본 것이다
for $150 made out / 150달러가 기재되었다
to a department store. / 백화점 앞으로

* 'take a look at'은 자주 쓰는 어구인데 명사 'look'을 동사로 간주하면
'at'은 목적어를 암시하는 신호가 되어 자연스레 '~을 보다'가 된다. 앞서
말했듯이 영작을 위해 'take a look at'도 함께 알아두는 것이 좋다.

DN look(보기 ⇨ 보다)
OS at(수표책에 ⇨ 수표책을)
SS ×

⇨ 그레그는 백화점 앞으로 150달러가 기재된 내역을 보자 화가 머리끝까지 났다.

02 Over 57% of them cite *"**low adaptability to change**"* as a
reason for not keeping older workers.

cite(이유를) 든다
adaptability 적응
keep 계속(고용하고) 있다

끊어읽기

Over 57% of them cite / 그들 중 75퍼센트는 말한다
"low adaptability to change" / '변화에 적응하는 능력이 낮다' 는 점이
as a reason / 이유라고
for not keeping older workers. / 나이든 직원을 보유하지 않는

* cite A as a reason for B(ing)는 A를 B하는 이유로 든다는 뜻으로 영
작에 적용하면 좋을 것 같다. 본문에서 파생명사는 'adaptability'로 이를
동사 'adapt(적응하다)'로 간주하면 뜻은 자연스레 풀릴 것이다. 'adapt
to(~에 적응하다)'를 명사로 고쳐도 전치사 'to'는 변하지 않는다는 점도
알아두자. 이때 'to' 이하는 전치사 'to'의 목적어이므로 목적어신호로 봄
직하다.

DN adaptability(적응 ⇨ 적응하다)
OS to(변화에 ⇨ 변화에)
SS ×

⇨ 그들 중 75퍼센트는 나이든 직원을 해고하는 사유로 '변화에 잘 적응하지 못한다' 는 점을 꼽는다.

03 Over the past five years the number of men aged 18 to 35 and thus eligible for *mandatory military service* has dropped by over 120,000.

끊어읽기

Over the past five years / 지난 5년간
the number of men / 장정의 숫자가
aged 18 to 35 / 18~35세로
and thus eligible / 해당되는
for mandatory military service / 의무적 군복무에
has dropped / 감소했다
by over 120,000. / 12만 명 남짓 정도가

* service를 파생명사로 본다면 'mandatory military service'는 '의무적으로 군대에 복무하다serve in the military mandatorily'로 풀어쓸 수 있다. 물론 영어로 쓸 때는 가급적이면 mandatory military service를 활용하기 바란다. 'serve in the military mandatorily'는 어색하게 보일 수 있다.

DN service(복무 ⇨ 복무하다)
OS ×
SS ×

⇨ 지난 5년간 18~36세로 의무로 군에 복무해야 할 장정의 숫자는 12만 명 남짓 감소했다.

04 Caring for the elderly is a formidable long-term burden, but South Korea's ageing also ***poses some more immediate problems***.

care for ~을 관리하다
the elderly 어르신, 노인
formidable 어마어마한
immediate 당면한
pose a problem 문제를 일으키다

끊어읽기

Caring for the elderly / 어르신을 관리하는 것도
is a formidable long-term burden, / 장기적으로 엄청난 부담이 된다
but South Korea's aging / 하지만 한국의 고령문제 또한
also poses some more immediate problems. /
해결이 시급한 문제를 일으키고 있다

* 'problem'을 동사적인 의미로 바꾸면 '문제를 일으킨다' 정도로 볼 수 있는데 여기에는 'pose'의 의미도 포함되어 있으므로 'pose'를 고민할 필요는 없다. 이때 'immediate'는 해결이 시급하다는 뜻이다.

DN problems(문제 ⇨ 문제를 일으키다, 문제가 되다)
OS ×
SS ×

⇨ 어르신을 관리하는 것도 장기적으로 엄청난 부담이지만 고령문제 또한 해결이 시급한 문제를 일으키고 있다.

05 Her sisters used to say that they rather liked to **_get Sheryl into a_**
fury, because she was such an angel afterwards.

used to ~하곤 했다
rather 다소
fury 분노
such 강조(그렇게)
afterwards 이후에

끊어읽기

Her sisters used to say / 그녀의 자매는 말하곤 했다
that they rather liked / 다소 즐겼다고
to get Sheryl into a fury, / 셰릴을 화나게 만드는 것을
because she was such an angel afterwards. /
그 후로는 천사가 따로 없었기 때문이다

* 'into'는 결과를 나타낼 때가 많다. 즉, 셰릴을 약올려(그 결과) 'fury'하
게 만든다는 이야기다. 'fury'는 'furious'에서 파생된 명사이므로 '화를 내
다be furious'로 볼 수 있지만, 'into'가 결과를 암시하므로 '(결국) 화가
나게 만들었다'로 풀이해야 한다. 참고로 'used to+동사원형'은 과거에
는 했지만 지금은 하지 않는 행위를 말할 때 쓴다.

DN fury(분노 ⇨ 화나게 하다)
OS ×
SS ×

⇨ 셰릴의 자매들은 그녀를 화나게 만드는 걸 즐겼다고 말하곤 했다. 그 후로는 천사가 따로 없었
기 때문이다.

06 These considerations should give ***pause to supporters of*** increasing children's self-esteem as ***a comfort for*** educational ***underachievement.***

consideration 의견
give pause to
~를 주저(중단)하게 만든다
self-esteem 자긍심
comfort 위안, 위로
underachievement 학습부진

끊어읽기

These considerations should give pause / 이 견해는 중단시킬 것이다
to supporters / 찬성하는 사람을
of increasing children's self-esteem / 아이의 자긍심을 끌어올려야 한다는 데
as a comfort / 위로하려면
for educational underachievement. 학습부진을

* 명사 'pause'를 동사 개념인 '중단시키다'로 바꾸면 'to'는 목적어신호가 된다. 누구를 중단시키는가? '찬성하는 사람들supporters'을 중단시킨다. 그런데 'supporters' 역시 동사 'support'에서 파생되었으므로 '찬성하는 사람'으로 옮기면 'of'도 목적어를 암시하는 시그널이 될 것이다. 이를 염두에 두고 문장을 읽으면 한결 자연스럽게 와 닿지 않을까 싶다. 'underachievement'는 성취도가 낮다는 뜻이므로 학습부진을 가리킨다.

DN pause(중단 ⇨ 중단시키다) / supporter(서포터 ⇨ 찬성하는 사람)
comfort(위로 ⇨ 위로하다) / underachievement(학습부진 ⇨ 학습이 부진하다)
OS to(찬성하는 사람에게 ⇨ 찬성하는 사람을) / of(끌어올리는 것의 ⇨ 끌어올리는 것을)
for(학습부진을 위한 ⇨ 학습부진을)
SS ×

⇨ 이 견해는 학습이 부진하다는 점을 위로하려면 아이의 기부터 세워줘야 한다는 데 찬성하는 사람들을 주저하게 만들 것이다.

⇨ (주어를 부사적으로 풀이) 이 견해를 들으면, 학습이 부진하다는 점을 위로하기 위해서는 아이의 기부터 세워줘야 한다는 데 찬성하는 사람들이 주저하게 될 것이다.

07 Englishmen have often, in the variety of fields, been either *leaders of* or valuable *contributors to* noteworthy progress.

a variety of 다양한
noteworthy 주목할 만한
contributor 기여자
progress 발전

끊어읽기

Englishmen have often, / 잉글랜드인은 종종
in the variety of fields, / 다양한 분야에서
been either leaders of / 이끌었거나
or valuable contributors / 크게 기여했던 사람들이다
to noteworthy progress. / 장족의 발전에

* 'She is a good swimmer.'는 '그녀는 수영을 잘한다'고 옮긴다. 'swimmer'는 엄밀히 수영하는 사람인데 이를 동사로 바꾸어야 한결 자연스럽기 때문이다. 원뜻 그대로 옮기면 되레 어색해 보인다. 그러니 'leader'와 'contributor'도 리더와 기여자를 고집하지 말고 '이끌다'와 '기여하다'로 이해해도 무방하다.

이처럼 명사 'leader'와 'contributor'를 동사적 개념으로 바꾸되 전치사를 눈여겨봐야 한다. 알다시피 leaders 'of'와 contributors 'to'는 전치사가 각각 다르다. 이를테면, 자동사 'contribute'가 'to'를 동반하기 때문에 이를 명사로 바꾸어도 전치사는 같기 때문에 'contributor to'가 된 것이다. 'contribution'이었어도 'to'를 동반했을 것이다.

'noteworthy'는 '괄목할만하다'는 뜻인데 'progress'를 동사 '발전하다'로 바꾸면 '괄목할만하게(부사적으로) 발전하다'라는 뜻이 된다. 이를 줄이면 장족의 발전이 될 것이다. 문맥상으로는 valuable과 noteworthy는 의미가 같다.

DN leaders(리더 ⇨ 이끌다) / contributors(기여자 ⇨ 기여하다)

    progress(발전 ⇨ 발전하다)

OS of(발전의 ⇨ 발전을) / to(발전으로 ⇨ 발전에)

SS ×

⇨ 잉글랜드인은 다양한 분야에서 장족의 발전을 이끌었거나 그에 크게 기여한 바 있다.

08 Environmental scientists study *the influence of* human actions on natural processes.

study 연구하다
influence 영향(력)
process 과정

Environmental scientists study / 환경과학자들은 연구한다
the influence of human actions / 인간의 활동이 영향을 주는 경위를
on natural processes. / 자연적인 과정에

* 숙어 '주어+have an influence on+목적어'를 잘 관찰하면 구조가 눈에 보인다. 여기서 'on' 다음에 나오는 명사는 목적어신호가 되기 때문에 'of'는 주어를 암시하는 시그널로 해석해야 한다. 따라서 인간의 활동이 영향을 준다는 것으로 가닥을 잡는다.

DN influence(영향 ⇨ 영향을 주다)
OS on(자연적 과정 위에 ⇨ 자연적인 과정에)(목적어)
SS of(활동의 ⇨ 활동이)

⇨ 환경학자들은 인간의 활동이 자연적인 과정에 영향을 주는 경위를 연구한다.

09 However, subjective biases often affect workers' *evaluations.*

subjective 주관적인
bias 편견
affect (부정적인) 영향을 주다
evaluation 평가

However, subjective biases / 그러나 주관적인 편견은
often affect / 종종 영향을 준다
workers' evaluations. / 직원을 평가하는 데

* 'affect'에는 부정적인 영향을 준다는 뉘앙스가 있다. 'evaluation'은 동사 'evaluate(평가하다)'에서 비롯된 명사이므로 누가 무엇을 평가하는지 밝혀야 한다. 본문에서 workers'가 목적어 구실을 한다. 주어는 'subjective biases(주관적인 편견)'가 확실하니까.

DN evaluations(평가 ⇨ 평가하다)
OS workers'(직원의 ⇨ 직원을)
SS ×

⇨ 그러나 주관적인 편견은 직원을 평가하는 데 종종 그릇된 영향을 준다.

10 Today, for instance, electricity is ***man's humble servant***, performing ***a thousand tasks with tremendous efficiency.***

for instance 예컨대
electricity 전기
humble 겸허한
task 일
tremendous 엄청난
efficiency 효율성

Today, for instance, / 예컨대 오늘날
electricity is man's humble servant, / 전기는 겸허히 인간을 시중든다
performing a thousand tasks / 수많은 일을 하면서
with tremendous efficiency. / 아주 효율적으로

* 우선 전치사 'with'와 추상명사 'efficiency'가 만나면 부사가 된다는 원리도 파생명사 이론에서 비롯된 것이다. 명사 'task'를 동사 '일하다(일을 감당해내다)'로 바꾸면 효율은 당연히 동사를 수식하는 부사로 옮겨야 타당하다. 이때 'perform'은 신경 쓰지 않아도 된다.

'servant'는 '종'이라는 명사지만 이 또한 'serve'에서 파생된 명사이므로 앞선 'swimmer'와 같이 동사로 이해해도 무방하다. 그래서 필자는 '시중들다'로 옮겼다.

DN servant(종 ⇨ 시중들다) / tasks(일 ⇨ 일하다)
　　efficiency(효율 ⇨ 효율적으로)
OS man's(인간의 ⇨ 인간을)
SS ×

⇨ 예컨대, 오늘날 전기는 아주 효율적으로 수많은 일을 감당해 내며 겸허히 인간을 시중들고 있다.

Practice

01 His use of the word "gospel" was not as casual as it may sound today.

02 When clear boundaries are set and careful controls are in place, the danger of fire can be minimized.

03 Big companies typically impose a mandatory retirement age of 56-58, and many workers are put out to pasture even earlier.

04 We must not forget that some experience of music is necessary if a person is to understand it.

05 A handkerchief of his wife's seen in Cassio's hand, was motive enough to the deluded Othello to pass sentence of death upon them both, without once inquiring how Cassio came by it.

06 There can be no thorough appreciation of the literature or culture of any country ancient or modern without an exact knowledge of the language.

07 Thus conservation of the environment seems to be the chief task of our century.

08 Supervisors may form general impressions of liking or disliking workers and base their evaluations on these impressions rather than on the work performed.

09 It is one of the most tragic facts in the recent development of science that the conquest of the air, which on all grounds should have worked towards the unification of the world and the harmony of mankind, had actually become our most threatening dangers.

10 Those Americans whom I most honor, and who were the founders of their country, never accepted money for their service.

01 His use of the word "gospel" was not as casual as it may sound today.

gospel 복음(좋은 소식)
casual 상투적인
sound 들린다

끊어읽기

His use of the word "gospel" / 그가 "복음"이란 말을 쓴 것은
was not as casual / 비교적 상투적이진 않았다
as it may sound today. / 오늘날만큼

* His use of the word "gospel"

파생명사 'use'를 기준으로 앞뒤에 각각 주어와 목적어신호가 눈에 띈다. 즉, 그가His 어구를of the word 사용했다use는 뜻이다. 'A as casual as B'는 동등비교라 하여 A는 B만큼 상투적이라는 뜻이다.

DN use(사용 ⇨ 쓰다)
OS of(어구의 ⇨ 어구를)
SS his(그의 ⇨ 그가)

⇨ 당시 그가 '복음'이란 어구를 사용한 것은 오늘날만큼 상투적이진 않았다.

02 When clear boundaries are set and careful controls are in place, the danger of fire can be minimized.

boundary 경계
set 정하다
control 통제, 제어
minimize 줄이다
be in place 자리 잡다

끊어읽기

When clear boundaries are set / 경계를 분명히 정하고
and careful controls are in place, / 주의 깊게 손을 쓰면
the danger of fire / 화재가 발생할 위험은
can be minimized. / 줄어들 수 있다

* clear boundaries are set

'boundary(경계)'가 파생명사는 아니지만 '경계를 정하다'로 직관할 수 있다. 이때 clear는 명사 boundary를 수식하지만 명사를 동사로 바꾸었으므로 형용사 clear는 부사 '분명히'로 바꾸어 옮겨야 한다.

careful controls are in place

'control'은 동사와 명사의 형태가 같다. 본문에서는 명사지만 이를 동사로 바꾸어 '통제하다, 손을 쓰다'로 바꾸면 형용사 'careful'은 앞서 말한 것처럼 부사로 바뀐다. 형용사와 명사가 부사와 동사로 바뀌면 'are in place'는 뜻을 찾지 않아도 독해가 가능해진다. 물론 글을 쓸 때도 있을지 모르니 'be in place'도 알아두자.

the danger of fire can be minimized

위험을 뜻하는 'danger'는 파생명사는 아니지만 내포적인 의미는 '(좋지 않은 일이 벌어질) 가능성이 있다'는 뜻이다. 따라서 'of'는 주어를 나타내는 신호로 봄직하다.

DN boundary(경계 ⇨ 경계를 정하다) / control(통제 ⇨ 손쓰다)

　　danger(위험 ⇨ ~할 가능성이 있다)

OS ×

SS of(화재의 ⇨ 화재가)

⇨ 경계를 분명히 정하고 주의 깊게 손을 써두면 불이 날(화가 날) 가능성은 줄어들 수 있다.

03 Big companies typically impose a mandatory retirement age of 56-58, and many workers are put out to pasture even earlier.

typically 대개
impose 도입하다
mandatory 의무적인
retirement age 정년
be put out to pasture 퇴출되다

끊어읽기

Big companies typically impose / 대기업은 으레 적용한다
a mandatory retirement age of 56-58, / 56~58세라는 의무 퇴직연령을

and many workers are put out to pasture / 그래서 많은 근로자들이 퇴출되고 있다
even earlier. / 훨씬 일찍

* impose a mandatory retirement age of 56-58

'retirement age of'를 하나로 묶어서 '몇 세에 퇴직시키다'로 이해하면 될 듯하다. 여기서도 형용사 'mandatory'는 부사적으로 풀이한다. 그러면 동사 'impose'는 신경 쓰지 않아도 된다.

DN retirement age(퇴직연령 ⇨ ~세에 퇴직시키다)
OS ×
SS ×

⇨ 대기업은 으레 56~58세가 되면 '명퇴' 시키기 때문에 그보다 훨씬 일찍 퇴출되는 직원도 많다.

04 We must not forget that some experience of music is necessary if a person is to understand it.

> forget 잊다
> necessary 필요하다
> experience 경험

끊어읽기

We must not forget / 우리는 잊어선 안 된다
that some experience of music / 음악을 경험
is necessary / 해야 한다는 것을
if a person is to understand it. / 그것(음악)을 이해하려면

* some experience of music is necessary

'음악의 경험'을 고집하지 말고 명사 'experience'를 동사 의미로 바꾸어야 한다. 그러면 'of'가 목적어를 암시한다는 것을 알 수 있다. 즉, 음악을 경험한다는 이야기다. 여기서 necessary는 '필요하다'는 뜻이지만 '경험한다'라는 동사에 녹이려면 '경험해야 한다'는 의무로 바꾼다.

DN experience(경험 ⇨ 경험하다)

OS of(음악의 ⇨ 음악을)

SS ×

⇨ 음악을 이해하려면 음악을 경험해야 한다는 것을 잊어선 안 된다.

05 A handkerchief of his wife's seen in Cassio's hand, was motive enough to the deluded Othello to pass sentence of death upon them both, without once inquiring how Cassio came by it.

> handkerchief 손수건
> motive 동기
> delude 속이다
> pass sentence 선고하다
> once 한 번
> inquire 묻다
> come by 손에 넣다

A handkerchief of his wife's / 아내의 손수건은
seen in Cassio's hand, / 카시오의 손에 보인
was motive enough / 충분한 동기가 되었다
to the deluded Othello / (이아고에게) 속은 오델로가
to pass sentence of death / 사형을 선고하기에는
upon them both, / 두 사람에게
without once inquiring / 한번 묻지도 않고
how Cassio came by it. / 카시오가 손수건을 손에 넣게 된 경위를

* pass sentence of death upon them both

'sentence'는 '선고'라는 뜻이므로 이를 '선고하다'로 바꾸면 'upon' 다음에는 선고한 대상(누구에게)이 이어질 것이다. 명사를 동사로 전환시켰으므로 'pass'가 '선고하다'에 포함되므로 굳이 해석하지 않아도 된다. 'of death'는 사형을(선고하다)이므로 'of'는 목적어 시그널이 될 것이다.

DN sentence(선고 ⇨ 선고하다)
OS of(사형의 ⇨ 사형을) / upon(둘 위에 / 둘에게)
SS ×

⇨ 카시오의 손에 보인 아내의 손수건 때문에(이아고에게) 속은 오델로는 그가 손수건을 얻게 된 경위를 한 번도 묻지 않고 두 사람에게 사형을 언도하고 말았다.

06 There can be no thorough appreciation of the literature or culture of any country ancient or modern without an exact knowledge of the language.

thorough 철저한
appreciation 이해
literature 문학
ancient 고대의
exact 정확한
language 언어

끊어읽기

There can be no thorough appreciation / 온전히 이해하기란 불가능하다
of the literature or culture / 문학이나 문화를
of any country ancient or modern / 고금의 국가를 막론하고
without an exact knowledge / 정확히 알지 못한다면
of the language. / 언어를

* can be no thorough appreciation of the literature

'can be no'는 'cannot be'와 같다. 명사의 부정을 강조하기 위해 no를 쓴 것인데, cannot be는 '~일 리 없다'는 뜻이다. 따라서 명사 'appreciation'을 'appreciate'로 보면 '이해할 리 없다'는 의미가 된다. 여기서 of는 목적어를 나타내는 시그널이다.

an exact knowledge of the language

'knowledge'는 동사 'know'에서 파생된 것이고, 'of'는 목적어신호가 되

니 본문을 풀어쓰면 'know the language exactly'가 될 것이다. 즉, '언어를 정확히 이해한다'는 말이다. 명사를 동사로 바꾸었기 때문에 형용사 'exact'는 부사로 풀이해야 한다.

DN appreciation(이해 ⇨ 이해하다) / knowledge(지식 ⇨ 알다)
OS of(문학의 ⇨ 문학을) / of(언어의 ⇨ 언어를)
SS ×

⇨ 고금의 국가를 막론하고 언어를 정확히 알지 못하면 문학과 문화는 온전히 이해할 수 없다.

07 Thus conservation of the environment seems to be the chief task of our century.

conservation 보존
environment 환경
chief 주된
task 과업
century 세기

끊어읽기

Thus conservation of the environment / 환경을 보존하는 일은
seems to be the chief task / 주된 과업일 듯싶다
of our century. / 금세기의

* conservation of the environment

명사 'conservation'은 'conserve'에서 파생되었으므로 '보존'이 아니라 '보존하다'로 이해한다. 그러면 'of'는 직관적으로 목적어를 암시할 것이다. 무엇을 보존하는가? 환경을 보존한다.

DN conservation(보존 ⇨ 보존하다)
OS of(환경의 ⇨ 환경을)
SS ×

⇨ 환경을 보존하는 것은 금세기의 주된 과업일 듯싶다.

08 Supervisors may form general impressions of liking or disliking workers and base their evaluations on these impressions rather than on the work performed.

supervisor 관리자
form 조성하다
impressions 인상
evaluation 평가
perform 수행하다
base A on B A를 B에 토대를 두다

끊어읽기

Supervisors may form general impressions /
관리자는 보편적으로 인상을 줄 수 있다

of liking or disliking workers / 직원을 좋아하거나 싫어하고 있다는(인상을)
and base their evaluations / 그리고 그들은 ~을 토대로 평가한다
on these impressions / 이런 인상을
rather than on the work performed. / 성과보다는

* form general impressions of liking or disliking workers

우선 명사 impression of에서 of는 동격으로 '인상'을 설명하고 있다. 즉, 직원을 좋아하거나 싫어하고 있다는 인상을 가리킨다는 것이다. 아울러 명사는 동사로 바꾸어야 하므로 '인상'이 아니라 '인상을 주다'로 바꾸면 아이디어는 '직원을 좋아하거나 싫어하고 있다는 인상을 준다'로 보면 된다. 이때 동사 'form'은 '인상의 주다'에 녹아있기 때문에 의미를 생략해도 무방하고, 형용사 general은 부사로 바꾸어 '보편적으로'로 처리하면 된다.

their evaluations on these impressions

여기서 on은 어구 'base A on B(A의 근거를 B로 삼다)'의 전치사 'on'이므로 주어나 목적어신호는 아니다. 본문에서 파생명사는 'evaluate'에서 파생된 'evaluation'이니 이를 동사로 바꾸면 '평가하다'가 되고, 앞에 있는 'their'는 주어를 암시하는 시그널로 봄직하다. '그들이 평가한다'는 것이다.

DN impressions(인상 ⇨ 인상을 주다) / evaluations(평가 ⇨ 평가하다)
OS ×
SS their(그들의 ⇨ 그들이)

⇨ 관리자는 직원을 좋아하거나 싫어하는 인상을 줄 뿐 아니라, 성과보다는 이런 인상에 근거하여 평가할지도 모르겠다.

09 It is one of the most tragic facts in the recent development of science that the conquest of the air, which on all grounds should have worked towards the unification of the world and the harmony of mankind, had actually become our most threatening dangers.

tragic 비극적인
recent 최근의
development 발달
conquest 정복
on all grounds 모든 면에서
unification 통일
harmony 조화
threatening 위협적인

끊어읽기

It is one of the most tragic facts / 비극적인 사실 중 하나는

in the recent development of science / 최근 과학이 발달하면서

that the conquest of the air, / 공중을 장악한 것은

which on all grounds / 모든 면에서

should have worked towards the unification / 통일하는 데 일조했어야 했다

of the world / 세상을

and the harmony of mankind, / 그리고 인류를 화합하는 데

had actually become our most threatening dangers. /

(공중장악 탓에) 실은 우리가 되레 위험해지고 말았다는 것이다.

* the recent development of science

명사 'development'는 동사 'develop'에서 파생되었으므로 '발달하다'로 해석한다. 무엇이 발달하는가? 과학이다. 'of'는 주어를 암시하는 시그널이다. 그러면 형용사 'recent'는 부사 '최근'이 된다.

the conquest of the air

명사 'conquest'를 동사적 의미로 해석하면 '장악하다, 정복하다'가 되고, 'of'는 목적어를 암시하는 시그널이 될 것이다. 따라서 아이디어는 공중을 장악한다는 뜻이다.

the unification of the world

'unify'에서 파생된 'unification'을 '통일하다'로 보면 'of'는 목적어신호가 된다. '전 세계를 통일하다'로 볼 수 있다.

the harmony of mankind

'harmony'도 'conquest'와 같이 엄밀히 파생명사는 아니지만 동사적인 의미로 바꾸면 '화합하다, 조화하다'로 볼 수 있고 역시 'of'는 글의 통일성을 감안하면 목적어(인류를)로 볼 수 있다.

become our most threatening dangers

'dangers(위험)'도 동사로 파악할 수 있다. 이를 '위험해지다'로 보면 'our'는 주어가 되어 '우리가 위험해졌다'라는 뜻인데 여기에 'most threatening'를 덧붙여 우리가 엄청나게 위험해졌다는 의미가 되었다.

DN development(발달 ⇨ 발달하다) / conquest(장악 ⇨ 장악하다)
unification(통일 ⇨ 통일하다) / harmony(화합 ⇨ 화합하다)
danger(위험 ⇨ 위험해지다)
OS of the air(공중의 ⇨ 공중을) / of the world(세계의 ⇨ 세계를)
of mankind(인류의 ⇨ 인류를)
SS of(과학의 ⇨ 과학이) / our(우리의 ⇨ 우리가)

⇨ 최근 과학이 발달하면서 마주하게 된 참담한 사실 중 하나는 공중을 장악하면 세상을 통일하고 인류를 화합했어야 하는데(그러기는커녕) 무시무시한 위험에 빠지고 말았다는 것이다.

10 Those Americans whom I most honor, and who were the founders of their country, never accepted money for their service.

honor 존경하다
founder 건국자
service 근무

끊어읽기

Those Americans / 미국인들은
whom I most honor, / 내가 아주 존경하는
and who were the founders / 그리고 세운 사람들은
of their country, / 국가를
never accepted money / 돈을 받지 않았다
for their service. / 근무한 대가로

* the founders of their country

'founder'는 '세운 사람'이라는 뜻이지만 '누가 세웠다'라고 이해해도 무 방하다. 그러면 'of'는 목적어신호가 되어 '국가를 세웠다'고 풀이할 수 있 다. 'most'는 앞에 정관사 'the'를 붙이지 않으면 강조하는 뜻이 된다(아 주, 매우).

their service

'service'는 동사 'serve'에서 비롯된 어구이므로 '근무하다'로 옮기면 'their'는 '그들의'가 아니라 '그들이/은'이라는 주어신호가 될 것이다.

DN founder(건국자 ⇨ 건국하다) / service(근무 ⇨ 근무하다)
OS of(국가의 ⇨ 국가를)
SS their(그들의 ⇨ 그들이)

⇨ 건국의 아버지이자, 내가 아주 존경하는 미국인들은 근무한 대가로 돈을 받지 않았다.

One Point Lesson

최상급superlatives

형용사나 부사에서 최상급을 표현하는 방법은 서너 가지 정도 된다. 그냥 최상급을 쓰면 편리키도 하고 뜻도 효과적으로 전달되겠지만 작가가 그러는 경우는 거의 없다. 왜일까? 너무 밋밋해 보이고 글을 쓰는 재미도 없어 그럴 것이다. 최상급에 해당하는 어구를 쓰면 문장이 길어지기 때문에 실력이 어설픈 독자는 글을 거꾸로 거슬러가며 읽게 되고 중간에 아이디어를 놓치는 경우도 생길 수가 있다.

따라서 최상급을 표현하는 데 자주 쓰이는 패턴을 익힌다면 아무리 문장이 길어도 아이디어를 간단하고도 정확히 파악할 수가 있다. 최상급이란 결국 "○가 가장 ○하다"는 말이니 ○에 들어갈 내용만 찾으면 독해는 어렵지가 않다. 이해를 돕기 위해 다음 문장에서 어구 패턴을 유심히 관찰해보자.

No company in the world attracts ***more*** scorn or adulation ***than*** Microsoft.

이 문장에서는 '부정어+비교급+than' 패턴을 썼는데 엑기스 아이디어만 추려내면 마이크로소프트가 야유나 과찬을 가장 많이 받는다는 것이다. 아이디어를 패턴에 대입해서 재구성하면 아래와 같다.

부정어 + 비교급 ◇ + than ●

● 가 가장 ◇ 하다

아래는 패턴이 좀 다르다. 비교급 대신 like가 보인다. 다음 문장은 시쳇말로 "집보다 더 좋은 곳은 없다"를 영어로 옮긴 것인데 이는 "○ 가 가장 좋다"로 해석하면 된다.

There is *no* place *like* home.

집이 가장 좋다.

부정어 + ◇ + like + ●

● 가 가장 좋다

● 가 가장 좋은 ◇이다

그러면 아래 정리한 최상급 패턴을 익혀두고 나서 단문으로 직접 연습해보자.

① 부정어 + ◇ + like + ●

● 가 가장 좋다(좋은 ◇이다)

② 부정어 + 비교급(-er/more)**(◇) + than ●**

③ 부정어 + as 형/부(◇) **as ●**

④ ● + 비교급(◇) **than any other + 단수명사**

●가 가장 ◇하다

중요한 아이디어만 정리하고 넘어가자.

Few places are more conducive to internal conversations than a moving plane, ship, or train.

*conducive 도움이 되는

⇨ _____ 은(는) 가장 _____하다

Nothing is more pleasant for the members of a household than to gather in front of a roaring fire.

⇨ _____ 은(는) 가장 _____하다

The English people think that there are no other men like themselves

⇨ _____ 은(는) 가장 _____하다

There is often no more effective way to help people understand the message than to have it modeled for them by the manager.

⇨ _____ 은(는) 가장 _____하다

Few places are **_more_** conducive to internal conversations **_than_** a moving plane, ship, or train.

⇨ 항공기나 선박 혹은 기차는(대화에) 가장 도움이 된다.

Nothing is **_more_** pleasant for the members of a household **_than_** to gather in front of a roaring fire.

⇨ 이글거리는 화로 앞에 모이는 것이 가장 즐겁다.

The English people think that there are **_no other_** men **_like_** themselves

⇨ 영국인은 가장 훌륭하다.(themselves = the English people)

There is often **_no more_** effective way to help people understand the message **_than_** to have it modeled for them by the manager.

⇨ 관리자가 그것(메시지)의 견본을 만드는 것이(메시지의 이해를 도울 수 있는) 가장 효과적인 방법이다.

practice

3부
응용 연습 practice

원 포인트 레슨

A before B

= A be followed by B

01 We know that we are being hurled towards our destinations at a tremendous speed.

02 Trains are promptly loaded with them to the full capacity.

03 After all, to be compelled to stand ten minutes or so is no great hardship to most of us.

04 Hence his preference for living in a house to living in an apartment ...

05 The great and indispensable help to success is character.

06 Man has risen to mastery over the external dangers, but he has not risen to mastery over the internal dangers generated by his own passions of hate and envy and pride.

07 It is only after many hesitations that luncheon knocks gruffly at the door.

08 If we are perpetually conscious of the insecurity of life and happiness we might easily become morbid, and lose our ardour alike in work and in pleasure.

09 There would be no need for top-level meetings.

10 Once, the U.S. government made such investments.

11 Toxic chemical and biological waste poses a particular challenge.

12 This principle is in sharp contrast to the layperson's perception that social workers seek to "remold" clients into a pattern chosen by the workers.

13 During the 1970s and 1980s, I chaired and participated in a large number of congressional hearings on the dangers of toxic chemical waste.

14 ... renewables can make a contribution to energy security as well as reducing carbon emissions.

15 If we are never conscious of it, however, we are likely to set a false value on what is really valueless, and to waste our years in pursuit of things that are not worth pursuing.

16 The growing volumes of e-waste(waste associated with electronic products) have been the focus of increasing attention because of the presence of highly toxic materials in the waste stream.

17 The inventor of poison gas in World War I was also the inventor of synthetic nitrogen fertilizer.

18 The Global Mind has accelerated demands for the empowerment of women throughout the world.

19 But no one who is fond of painting finds the slightest inconvenience, as long as the interest holds, in standing to paint for three or four hours at a stretch.

20 A great many worries can be diminished by realizing the unimportance of the matter which is causing the anxiety.

21 The movement of women into jobs outside the home has had startling social impacts.

22 Hence, it is an excellent medicine for a mind that we should occasionally realize that we are travelling through space on a fragile crust of earth that may one day subside, bringing a sudden end to ourselves.

23 We are all condemned to die, it has been said, but under an indefinite reprieve, and we cannot measure the worth of anything in life by a standard which takes no account of this.

24 Education is the encouragement of the growth of the whole man, the complete man.

25 That is only the education of one part of our nature.

26 From this point of view there is no valid distinction between art and science.

27 At present, the UN acts when it has the consent of the parties involved.

28 During the long struggle between capitalism and communism in the twentieth century, unlimited growth was the one assumption built into both ideologies that neither questioned.

29 Fully aware of the popularity of Freudian concepts in the advertising business, he told potential customers on Madison Avenue and Wall Street that he was not only a "psychologist from Vienna" but that he had lived on the very same street as Sigmund Freud.

30 Our free government, as we enjoy it, is the substitution of law for force, of argument for physical strife.

31 According to a recent report from the World Bank, the per capita production of garbage alone from urban residents in the world is now 2.6 pounds per person every day.

32 Although there have been some laudable efforts by many companies and cities to increase the recycling of waste, the total volumes are overwhelming the current capacity for responsible disposal practices.

33 According to the Organization for Economic Cooperation and Development, each one percent increase in national income produces a 0.69 percent increase in municipal solid waste in developed countries.

34 As people act out different roles, they sometimes alter their consumption decisions depending on the 'play' they are in.

35 The struggle between capitalism and communism had taken on a new significance in the wake of Lenin's successful revolution in Russia ten years earlier and the establishment of the USSR.

36 Unceasing effort is the price of success.

37 Self-distrust is the cause of most of our failures.

38 Over time, the zebra mussels have dramatically increased in population, threatening native mussels and clams by interfering with their reproduction, feeding, and movement.

39 Social psychologists emphasize that altruism is not simply a spontaneous or selfless expression of a desire to help.

40 Client self-determination derives logically from the belief in the inherent dignity of each person.

41 Environmentalists object to the degradation of our planet on aesthetic, moral, and pragmatic grounds.

42 The Effects of Trust on Patients' Recovery

43 Early depictions of Jesus, his mother, Mary, and the saints were destroyed.

44 ... though this hasn't prevented violent repression and denunciation of the organization by government forces, landlords, hired guns and the media.

45 Land-use planning is a process of evaluating the needs and wants of the population.

46 I see how admirable his treatment of me has always been.

47 The demonstration of the impact of experience on brain growth was by Nobel Prize-winners Thorsten Wiesel and David Hubel.

48 The prime minister's landslide victory will solve only some of Japan's problems.

49 They frequently say and do stupid things, thus revealing their own lack of knowledge about how to act in public.

50 The months from October 1990 to January 1991, therefore, brought numerous and hectic efforts by the Soviet and French governments to initiate negotiations and head off an outbreak of hostilities.

01 We know that we are being hurled towards our destinations at a tremendous speed.

hurl 내던지다
towards ~을 향해
destination 목적지
tremendous 엄청난

끊어읽기

We know / 우린 알고 있다
that we are being hurled / 우리를 내동댕이치고 있다는 걸
towards our destinations / 목적지를 향해
at a tremendous speed. / 엄청난 속도로

at a tremendous speed

'speed'는 '속도'지만 이를 부사로 바꾸면 '속도를 내어' 혹은 '빠르게'로 볼 수 있다. 이때 'tremendous'는 형용사지만 'speed'를 부사로 해석했으므로 이 또한 부사처럼 옮길 수 있다.

02 Trains are promptly loaded with them to the full capacity.

promptly 즉시
load (가득) 싣다
be loaded with A A가 (가득) 실린다
capacity 수용(력)

Trains are promptly loaded / 열차에는 즉각 실린다
with them / 그들이
to the full capacity. / 최대한 가득

* to the full capacity

capacity는 '수용(력)'이라는 명사지만 이를 부사로 옮기면 '가득 수용할
만큼(최대한)full capacity'으로 풀어쓸 수 있다.

03 After all, to be compelled to stand ten minutes or so is no great
hardship to most of us.

after all 따지고 보면
be compelled to 어쩔 수 없이 ~하다
hardship 고생

끊어읽기

After all, / 따지고 보면
to be compelled to stand / (어쩔 수없이) 서있어야 하는 것이
ten minutes or so / 10분 정도
is no great hardship / 큰 고생은 아니다
to most of us. / 우리 대부분에게는

'hardship'은 '고생하다'로 바꾸면 'to'는 주어를 암시하는 신호가 된다. 즉, 우리가 아주 고생하는 것은 아니다.

DN hardship(고생 ⇨ 고생하다)
OS ×
SS to (most of us)(우리 대부분이)

04 Hence his preference for living in a house to living in an apartment ...

hence 그러므로
preference A to B
B보다 A를 더 선호함

끊어읽기

Hence his preference / 따라서 그는 선호한다
for living in a house / 주택에 사는 것을
to living in an apartment ... / 아파트에 사는 것보다

* his preference for living in a house

'preference'가 파생명사다. '선호'를 '선호하다prefer'로 옮기고 '누가' '무엇을' 선호하는지 가리면 된다. 어구의 위치로 가늠해보면 앞선 'his'는 주어가, 'for' 이하는 목적어가 될 것이다. 따라서 그는 선호한다. 무엇을?

아파트에 사는 것을 … 또 한 가지, 'prefer'처럼 '-er'로 끝나는 비교급은 라틴어계라 하여 'than(~보다)' 대신 'to'를 쓴다는 것도 알아두어야 한다.

DN preference(선호 ⇨ 선호하다)
OS for (living in a house)(주택에 사는 것을)
SS his(그의 ⇨ 그는)

05 The great and indispensable help to success is character.

indispensable 꼭 필요한/없어서는 안 될
character 인격

끊어읽기

The great and indispensable help / 엄청나고도 꼭 필요한 도움을 주는 것은
to success / 성공하는 데
is character. / 인격이다

* indispensable help to success

'help'와 'success'를 각각 동사로 풀이하면 '돕다/도움을 주다'와 '성공하다'로 볼 수 있다. 따라서 'great'과 'indispensable'은 형용사지만 부사로 옮길 수 있으므로 '성공하는 데 도움을 주는 것은 인격'이라고 이해하면 된다.

DN help(도움 ⇨ 도움을 주다) / success(성공 ⇨ 성공하다)
OS ×
SS ×

06 Man has risen to mastery over the external dangers, but he has
not risen to mastery over the internal dangers generated by his
own passions of hate and envy and pride.

> rise to 능력을 발휘하다
> external 외부의
> mastery 지배(력)
> generate 발생시키다
> passions 감정

끊어읽기

Man has risen to mastery / 인류는 지배해왔다
over the external dangers, / 외부의 위험을
but he has not risen to mastery / 그러나 지배하진 못했다
over the internal dangers / 내면적인 위험을
generated by his own passions /(위험은) 자신의 감정이 발생시킨다
of hate and envy and pride. / 증오와 시기와 자만이라는 감정이

* 'mastery'는 '지배하다'라는 동사로 옮기면 'over'는 목적어를 암시하
는 기능을 한다. 이때 'have risen to'는 굳이 풀이하지 않아도 된다. 아울
러 'passions of'에서 'of'는 동격(=)을 나타낸다. 다시 풀어쓰자면, "인류
는 외부의 위험은 지배했지만, 증오와 시기와 자만이라는 감정이 부추기
는 내면에 도사리는 위험은(아직) 지배하지 못했다."

DN mastery(지배 ⇨ 지배하다)

OS over

SS ×

07 It is only after many hesitations that luncheon knocks gruffly at the door.

hesitations 망설임
luncheon 오찬
gruffly 무뚝뚝하게

끊어읽기

It is only after many hesitations / 숱하게 망설인 후라야

that luncheon knocks gruffly / 오찬은 퉁명스레 두드린다

at the door. / 문을

* 다수의 망설임? 'hesitations'를 'hesitate(망설이다)'로 바꾸는 게 기본. 이 문장에서는 주어와 목적어를 따로 쓰지 않았지만 문맥상 오찬(혹은 오찬을 가지고 온 사람)을 두고 한 말이 아닐까 싶다. 'it is(강조어) that' 강조구문도 눈에 띈다.

DN hesitations(망설임 ⇨ 망설이다)

OS ×

SS ×

08 If we are perpetually conscious of the insecurity of life and happiness, we might easily become morbid, and lose our ardor alike in work and in pleasure.

perpetually 영원히
be conscious of ~을 의식하다
insecurity 불안감
morbid 우울한
ardor 열정
work 직장/일
pleasure 여가/오락

끊어읽기

If we are perpetually conscious / 우리가 항상 의식한다면
of the insecurity / 불안감을(불안하다고)(무엇이?)
of life and happiness, / 인생과 행복이
we might easily become morbid, / 우리는 쉽사리 우울해지거나
and lose our ardor alike / 우리의 열정을 잃을 것이다
in work and in pleasure. / 일할 때나 여가를 즐길 때

* 파생명사는 'insecurity'와 'ardor'이다. 'insecurity'는 형용사 'insecure'에서 비롯되었으므로 목적어보다는 주어신호를 쓸 공산이 크므로 'of'가 주어를 암시하는 신호로 봄직하다. '불안insecurity'을 '불안하다'로 보고 무엇이 불안한지 파악하면 의미가 확실히 와 닿을 것이다.

또한 'our ardor'는 '우리의 열정'으로 직역해도 무방하지만 파생명사 개념을 적용하면 'ardor'는 '열정을 발휘하다'가 되고 'our'는 주어를 가리키는 신호가 될 것이다. '우리가 열정을 발휘하다'인데 앞에 'lose'가 있으므로 부정적으로 마무리하면 된다. 즉, '우리가 열정을 발휘하지 못한다'로 풀이한다.

DN insecurity(불안 ⇨ 불안하다) **/ ardor**(열정 ⇨ 열정을 발휘하다)

OS ×

SS of(인생과 행복의 ⇨ 인생과 행복이) **/ our**(우리의 ⇨ 우리가)

09 There would be no need for top-level meetings.

need 필요(성)

top-level meetings 고위급 회담

끊어읽기

There would be no need / 필요 없을 것이다.

for top-level meetings. / 고위급 회담은

* need는 명사와 동사의 모양이 같은 어구로 파생명사. '필요'를 '필요하다'로 풀이하고 나면 자연스럽게 '무엇이?'로 연결되게 마련이다. 따라서 'for'는 주어를 가리키는 신호가 될 것이다. 그런데 앞에 'no'가 있고 조동사 'would'가 있으므로 이를 반영하자면 '~은 필요가 없을 것이다'로 풀이할 수 있다.

DN need(필요 ⇨ 필요하다)

OS ×

SS for(고위급 회담을 위해 ⇨ 고위급 회담은)

10 Once, the U.S. government made such investments.

once 한때
investment 투자

끊어읽기

Once, the U.S. government / 한때 미국 정부는
made such investments./ 그렇게 투자했다

* investments를 '투자'에서 '투자하다'로 전환하는 것도 중요하지만 이를 작문에 활용하려면 'investment'가 'make'와 만난다는 점도 머리에 각인시켜야 한다. 암기하지 않으면 쉽사리 나올 수 없는 표현이기 때문이다. '~에' 투자하다로 연결하려면 'in'을 붙이고, 본문의 'such'를 살리려면 앞의 문장(본문에는 생략했지만)에 나온 것처럼 '그렇게such' 투자했다고 이해하면 된다.

DN investments(투자 ⇨ 투자하다)
OS ×
SS ×

11 Toxic chemical and biological waste poses a particular challenge.

toxic 독성의
biological 생물학적인
waste 폐기물
challenge 난제

Toxic chemical and biological waste / 독성 생화학 폐기물이
poses a particular challenge. / 특히 골칫거리다

* pose a challenge(골칫거리다) / pose a threat(위협하다)에서 pose는
'challenge'와 'threat'의 의미만 정확히 알고 있으면 굳이 옮기지 않아도
된다. 본문은 주어가 분명히 나타나 있기 때문에 주어신호는 없다고 본
다. 'challenge'는 '도전'보다는 난제나 골칫거리에 가깝다. 'chemical
and biological'은 '화학/생물학'이지만 언어관습상 '생화학'이라 해야 어
색하지 않다.

DN challenge(골칫거리 ⇨ 골칫거리다)
OS ×
SS ×

12 This principle is in sharp contrast to the layperson's perception
that social workers seek to "remold" clients into a pattern chosen
by the workers.

principle 원리/원칙
contrast 대조
layperson 일반인
perception 인식
social worker 사회사업가
remold 개조하다
seek to = try to ~하려고 노력하다

This principle is in sharp contrast / 이 원리는 극명하게 대조된다
to the layperson's perception / 일반인이 인식하는 것과
that social workers seek to "remold" / 사회사업가는 개조하려 한다
clients into a pattern / 의뢰인을 패턴으로(규칙적인 양상으로)
chosen by the workers. / 사회사업가들이 선택한

* contrast도 명사와 동사의 모양이 같다. 여기서 'contrast'를 동사로 옮긴다면 'sharp'는 의미상 부사(sharply극명하게)로 봐야 한다. 파생명사는 'contrast' 외에 'perception'도 있으니 '인식'은 '인식하다'로 옮기면 '일반인layperson이 인식하다'로 풀이할 수 있다. 그러고 나면 일반인이 의식하는 내용이 'that'이하에 전개될 것이다. 이를 정리하면 다음과 같다.

일반인은 사회사업가가 의뢰인을 자신이 선택한 패턴(양상)으로 개조한다고들 생각하는데 이 원리는 그런 생각과는 극명하게 대조된다.

DN contrast(대조 ⇨ 대조되다) / perception(인식 ⇨ 인식하다)
OS ×
SS 's(일반인의 ⇨ 일반인이)

⇨ 이 원리는 사회사업가가 그들이 선택한 패턴으로 고객을 개조한다고, 일반인이 알고 있는 것과는 극명하게 대조된다.

13 During the 1970s and 1980s, I chaired and participated in a large number of congressional hearings on the dangers of toxic chemical waste.

chair 주재하다
participate in ~에 참여하다
congressional hearings 공청회
toxic chemical waste 독성 화학폐기물이

끊어읽기

During the 1970s and 1980s, / 1970년대와 80년대에
I chaired and participated / 나는 주재하고 참여했다
in a large number of congressional hearings / 숱한 공청회에
on the dangers / 위험하다는 사실을 다룬
of toxic chemical waste. / 독성 화학폐기물이

* 'danger'는 엄밀히 말해 파생명사는 아니지만 이를 이해할 때는 동사 (서술어)처럼 보는 것이 바람직하다. '위험'을 '위험하다'로 본다면 'of'는 주어를 암시하는 기능을 할 것이다. 무엇이 위험한가? 독성 화학폐기물이 위험하다. 또한 'the 1970s'처럼 복수형으로 된 '년대'는 10년 단위로 끊는다. 따라서 'the 1900s'는 '1900~1909년'으로 풀이할 수 있다.

DN dangers(위험 ⇨ 위험하다)
OS ×
SS of(독성 화학폐기물의 ⇨ 독성 화학폐기물이)

14 ... renewables can make a contribution to energy security as well as reducing carbon emissions.

> renewables 재생에너지
> contribution 기여(인과관계)
> energy security 에너지 안보
> carbon emissions 탄소배출

끊어읽기

... renewables can make a contribution / 재생에너지는 ~에 기여한다
to energy security / 에너지 안보에
as well as reducing carbon emissions. / 그뿐 아니라 탄소배출량을 줄이는 데도

* 우선 '에너지 안보'란 에너지를 안정적으로 공급한다는 뜻이다. 'energy security'를 굳이 쪼개자면 'security'를 'secure'로 볼 수 있는데 이는 '에너지가 안정하다energy is secure'라는 의미로 풀이할 수 있다. 여기서는 'contribution'과 'emission'을 파생명사로 본다. 'contribution(기여)'과 emission(배출)은 각각 'contribute(기여하다)'와 'emit(배출하다)'으로 전환해서 생각한다. 특히 'contribute'는 인과관계를 나타낼 때 쓰인다. 그러니 '기여한다'나 '공헌한다'에 너무 연연해서는 안 된다. 즉, 재생에너지renewables가 원인이라면 결과는 'energy security'로 이해해야 한다는 것이다.

'contribute to+명사 = make a contribution to+명사'를 익혀두면 작문에도 큰 도움이 된다. 이때 에너지 안보energy security는 전치사 to의 목적어로 쓰였다. 따라서 to는 목적어를 암시하는 신호가 된다. 아울러

'emission'은 '배출하다emit'로 옮기면 탄소를 배출하므로 'carbon'은 목적어가 될 것이다. 이를 정리하면 '재생에너지는 에너지를 안정적으로 공급할 뿐 아니라 탄소를 배출하는 양을 줄이는 데도 기여할 수 있을 것이다.'

DN contribution(기여 ⇨ 기여하다) / **emissions**(배출 ⇨ 배출하다)

OS to(에너지 안보에 ⇨ 에너지 안보에) / **carbon**(탄소 ⇨ 탄소를)

SS ×

15 If we are never conscious of it, however, we are likely to set a false value on what is really valueless, and to waste our years in pursuit of things that are not worth pursuing.

value 가치
false 그릇된
valueless 무가치한
pursuit 'pursue'의 명사형
pursue 추진하다

끊어읽기

If we are never conscious of it, / 우리가 그것을 의식하지 않는다면
however, / 그러나
we are likely to set a false value / 중요하다고 여길 공산이 큰데 이는 착각이다
on what is really valueless, / 사실상 무가치한 것을
and to waste our years / 그리고 세월을 낭비할 공산이 크다
in pursuit of things / 어떤 대상을 추진하면서
that are not worth pursuing. / 그럴(추진할) 가치가 없는 대상을

* value는 '가치'라는 명사지만 '가치를 둔다,' '소중히 여긴다'는 동사로 풀이할 수 있다. 따라서 'on'은 목적어를 암시한다. 'set a false value on' 은 의미상 동사구 'falsely value'로 바꿀 수 있는데 이때 부사는 나중에 덧붙이는 식으로 옮기면 한층 매끄러워진다. '~을 중요하다고들 여기는 데 이는 잘못된 것이다' 정도로 풀이하면 된다.

또 다른 파생명사는 'pursuit'이다. '추구,' '추진'으로 알고 있으니 이를 동사로 바꾸면 '추진하다pursue'가 될 것이다. 무엇을 추진하는가? 'things'를 추진하니 'of'는 목적어를 암시하는 신호가 된다.

DN value(가치 ⇨ 소중히 여기다) / pursuit(추진 ⇨ 추진하다)
OS on(무가치한 것에 대해 ⇨ 무가치한 것을) / of(대상의 ⇨ 대상을)
SS ×

16 The growing volumes of e-waste(waste associated with electronic products) have been the focus of increasing attention because of the presence of highly toxic materials in the waste stream.

e-waste 전자폐기물
focus 초점
attention 관심, 주목
presence 존재
waste stream 폐기물 전체
material 성분

The growing volumes of e-waste / 점점 늘어만 가는 전자폐기물은

(waste associated with electronic products) / (전자제품 같은 폐기물)

have been the focus / 주목해왔다

of increasing attention / 더 커지는 관심이

because of the presence / ~이 있기 때문에

of highly toxic materials / 독성이 강한 성분이

in the waste stream. / 폐기물에

* 우선 'focus'는 'focus on'을 떠올리면 쉽게 풀린다. 'focus'를 명사로 보든 동사로 보든 'on' 다음에는 목적어가 나오기 때문에 'on' 외의 다른 전치사는 무조건 '주어'를 가리킨다고 해석하면 된다. 따라서 본문의 'of'는 '주어'를 암시하는 신호로 봐야 한다.

요컨대 'the focus of increasing attention'은 '관심attention이 주목해왔다'고 이해한다. 'have been(현재완료)'을 살리기 위해 '주목해왔다'고 본 것이다. 또한 'presence'는 'present'에서 왔으니 무엇이 있다(존재한다), 즉 '독성이 강한 성분이 있다(존재한다)'는 뜻이므로 'of' 또한 주어 신호로 봄직하다.

DN focus(주목 ⇨ 주목하다) / presence(존재 ⇨ ~이 있다)

OS×

SS of(관심의 ⇨ 관심이) / of(독성 성분의 ⇨ 독성 성분이)

17 The inventor of poison gas in World War I was also the inventor of synthetic nitrogen fertilizer.

poison gas 독가스
synthetic 합성의
nitrogen 질소
fertilizer 비료

끊어읽기

The inventor of poison gas / 독가스를 발명한 사람은
in World War I / 1차 대전 당시
was also the inventor / 발명하기도 했다
of synthetic nitrogen fertilizer. / 합성질소비료도

* 'inventor'는 발명인(가)이지만 '~을 발명한 사람'으로 옮긴다. 그래야 모호한 조사 '~의'를 피할 수 있다. 여기서 'of'는 단연 목적어신호가 된다. 따라서 '1차 대전 당시, 독가스를 발명한 사람이 합성질소비료도 발명했다.'

DN inventor(발명인 ⇨ 발명했다/발명한 사람)
OS ×
SS of(독가스의 ⇨ 독가스를) / of(합성질소비료의 ⇨ 합성질소비료를)

18 The Global Mind has accelerated demands for the empowerment of women throughout the world.

accelerate 가속시키다
demand 요구
empowerment 권익신장

The Global Mind has accelerated demands / 글로벌 마인드는 점점 더 요구해왔다
for the empowerment / 권익증진을
of women throughout the world. / 전 세계 여성의

* 우선 글로벌 마인드the Global Mind의 정의를 사전에서 살펴보았다. '서로 다른 문화에 대한 폭넓은 이해와 융통성을 바탕으로 세계인을 대하고 비즈니스를 처리하는 기본자세이며, 문화적 차이에 대해 적절하고 긍정적인 반응을 보이는 국제 비즈니스의 중요한 기법이 되기도 한다. 경영측면에서 글로벌 마인드란 우리 고객은 세계 어느 곳에나 존재할 수 있고, 필요하면 세계 어느 곳이든지 공장이나 판매설비를 이전할 수 있으며 필요하면 언제든 외국 현지인에게도 경영을 맡길 수 있으며 본사의 일부 기구나 연구소, 심지어 본사까지도 외국으로 옮길 수 있다는 마음가짐을 일컫는다(『HRD 용어사전』에서).

본문에서 파생명사는 둘이다. 'demand'와 'empowerment'인데 동사로 전환하면 각각 '요구하다'와 '권익을 신장시키다'로 볼 수 있는데, 본문의 'has accelerated'을 살리려면 '점점 더 요구해왔다'고 풀이하면 된다. 무엇을 요구해왔는가? 'for'이하이므로 'for'는 목적어신호이고, 'empowerment of'는 'empower+목적어(목적어의 권익을 증진시키다)'로 바꿀 수 있으니 of 또한 목적어신호가 될 것이다. 즉, '글로벌 마인드가 점차 강도를 높이며 요구해온 것은 전 세계 여성의 권익을 증진시켜야 한다는 것이었다.'

19 But no one who is fond of painting finds the slightest inconvenience, as long as the interest holds, in standing to paint for three or four hours at a stretch.

> be fond of ~을 좋아하다
> slightest 아주 약간의
> inconvenience 불편/성가심
> at a stretch 단숨에
> interest 흥미

끊어읽기

But no one / 그러나 아무도 ~ 않다/않는다

who is fond / 좋아하는 사람은(무엇을?)

of painting / 그림 그리는 것을

finds the slightest inconvenience, / 조금도 불편해 하지

as long as the interest holds, / 계속 흥미를 느낀다면(흥미가 사그라지지 않는 한)

in standing to paint / 서서 그림을 그릴 때(그리더라도)

for three or four hours / 3~4시간을

at a stretch. / 단숨에

* 본문의 아이디어를 파악하기에 앞서 동사 'find'의 의미부터 짚어보자. 'find'는 대부분 '발견하다'를 떠올리지만 사실 그렇게 쓰이는 빈도는 상당히 낮다. 발견보다는 주어가 '생각한다'에 더 가깝다. 아니, 무시해야 매끄러운 경우도 더러 있다.

본문에서는 'inconvenience'와 'interest'가 파생명사다. 'inconvenience'가 '불편'이라면 동사로는 '불편하다'로 볼 수 있고 'interest'가 흥미라면 '흥미를 느끼다/흥미가 있다' 정도로 풀이하면 좋을 것이다. 명사를 동사 '불편해하다'로 바꾸면 'find'는 앞서 말했듯이 무시하고 넘어가도 된다. 이때 'slightest'는 '조금도'라는 부사로 '불편하다'를 수식한다. 본문을 풀어쓰자면 '그러나 그림을 좋아하는 사람이라면 3~4시간 내내 서서 그림을 그리더라도 흥미가 사그라지지 않는 한 조금도 불편해 하지 않을 것이다.'

'the interest hold'에서 'hold'의 뜻을 모르더라도 'interest'의 의미를 안다면 아이디어는 어렵지 않게 이해할 수 있을 것이다. '관심intrest'을 '관심이 있다interested' 정도로만 봐도 말이다. 이때 주어와 목적어 기능을 하는 전치사나 기호는 보이지 않는다.

DN inconvenience(불편 ⇨ 불편하다) / interest(흥미 ⇨ 흥미를 느끼다)
OS ×
SS ×

20 A great many worries can be diminished by realizing the unimportance of the matter which is causing the anxiety.

> worry 걱정거리
> diminish 사그라지다
> anxiety = worry

끊어읽기

A great many worries / 수많은 걱정거리는

can be diminished / 사그라질 수 있다

by realizing the unimportance / 중요하지 않다는 점을 깨달으면

of the matter / 문제가

which is causing the anxiety. / 걱정하게 만드는

* 본문에서 파생명사는 'unimportance'와 'anxiety'이다. 이를 동사로 바꾸면 '중요하지 않다'와 '걱정하다'인데 'worry'와 'anxiety'는 동의어로 봐도 무방하다.

우선 중요하지 않다unimportance. 무엇이 중요치 않은가? 문제가 중요하지 않으므로 'of'는 주어를 암시한다. 그리고 'anxiety'는 '걱정하다'지만 'cause'가 인과관계를 나타내기 때문에 '걱정하게 만든다'고 응용해서 풀이할 수 있다. 참고로, 형용사를 명사로 전환했을 때는 대부분 목적어보다는 주어신호를 쓴다. 형용사는 대개 목적어를 취하지 않기 때문이다.

DN unimportance(중요하지 않음 ⇨ 중요하지 않다) / anxiety(걱정 ⇨ 걱정하다)
OS ×
SS of(문제의 ⇨ 문제가)

21 The movement of women into jobs outside the home has had startling social impacts.

movement 이동
startle 놀라게 하다
impact 영향

The movement of women / 여성이 이동한다

into jobs outside the home / 집밖의 직업(직장)으로

has had startling social impacts. / 사회에 놀라운 영향을 주었다

* 파생명사는 무엇인가? 'movement'와 'impact'다. 'movement'는 전치사 'of'를 동반하여 주어나 목적어를 밝혀주었지만 'impact'는 앞선 형용사 'social'이 그런 기능을 하고 있다. 즉, 누가 이동하는지(주어신호), 누구에게 영향을 주었는지(목적어신호)가 분명해진다는 이야기다. 형용사 'startling'은 'impact'를 수식하므로 '놀라우리만치 괄목할 만큼(크게) 영향을 주었다'라고 풀이하면 된다.

그런데 문장의 주어를 보니 의사가 없는 'movement이동'가 영향을 주었다는 물주구문이므로 주어를 '이유'를 암시하는 부사처럼 옮겨보자. '여성이 집밖에 있는 직장으로 이동했다는 사실은 사회에 큰 파장을 일으켰다.' ⇨ '여성이 집밖에 있는 직장으로 이동하자(한 탓에) 사회는 큰 충격에 빠졌다.'

DN movement(이동 ⇨ 이동하다) / impact(영향 ⇨ 영향을 주다)

OS social(사회의/사회적인 ⇨ 사회에)

SS of(여성의 ⇨ 여성이)

22 Hence, it is an excellent medicine for a mind that we should occasionally realize that we are travelling through space on a fragile crust of earth that may one day subside, bringing a sudden end to ourselves.

medicine 약
occasionally 이따금씩
crust(원/구의) 가장자리
subside 가라앉다
end 끝, 최후

끊어읽기

Hence, / it is an excellent medicine / 그러므로 특효약은
for a mind / 머리에(생각에) 잘 듣는
that we should occasionally realize / 이따금씩이라도 깨닫는 것이다
that we are travelling through space / 우리가 우주를 두루 여행하고 있다는 것을
on a fragile crust of earth / 지구의 무른 가장자리에서
that may one day subside, / 어느 날 파묻혀
bringing a sudden end to ourselves. / 돌연 자신을 스러지게 할 것이다

* 'end'는 'bring'과 만나 '끝내다'라는 뜻이므로 'bring an end to+목적어'를 한 어구처럼 외우되 이를 읽을 때는 동사로 바꾸어 아이디어를 단순하게 정리한다. 이때 'sudden'은 형용사지만 명사를 동사로 전환했으므로 동사를 수식하는 부사로 이해해야 한다. 따라서 본문은 '돌연 죽는다'는 뜻이다.

따라서 머리에 잘 듣는 특효약은 우리가 지구의 무른 가장자리에서 우주를 두루 여행하고 있다는 사실을 깨닫는 것이리라. 그러다 보면 어느 날 파묻혀 돌연 스러지고 말 것이다.

DN end(끝 ⇨ 끝내다/죽게 한다)
OS to(우리 자신에게 ⇨ 우리 자신을)
SS ×

23 We are all condemned to die, it has been said, but under an indefinite reprieve, and we cannot measure the worth of anything in life by a standard which takes no account of this.

be condemned to ~할 운명이다
it has been said ~라고들 말한다
indefinite 무기한
reprieve 집행유예
measure 측정하다
account 감안

끊어읽기

We are all condemned to die, / 사람은 모두 죽는다(사형선고를 받았다)
it has been said, / 일설에 따르면
but under an indefinite reprieve, / 하지만 무기한 집행유예 중이라고 한다
and we cannot measure the worth / 우리는 가치를 측정할 수 없다
of anything in life / 인생에서 무엇이든
by a standard / 기준으로
which takes no account / 감안하지 않은
of this. / 이를

* 'it has been said'에는 말한 주체가 드러나 있지 않다. 왜 쓰지 않았을까? 중요하지 않기 때문이다. 막연하게 '사람들이 어떤 말을 해왔다'는 뜻이다. 본문에서 파생명사는 'account(감안)'인데 감안하다로 바꾸면 '무엇을 감안하다'가 자연스러우니 'of'는 목적어신호가 될 것이다. 본문에서도 'take an(no) account of(~을 감안하다)'를 숙지하고 넘어가자.

DN account(감안 ⇨ 감안하다)
OS of(이것의 ⇨ 이를)
SS ×

24 Education is the encouragement of the growth of the whole man, the complete man.

encouragement 격려
complete 온전한

끊어읽기

Education is the encouragement / 교육이란 장려하는 것이다
of the growth / 성장하는 것을
of the whole man, / 전인적인 사람이
the complete man. / 즉,(지덕체를) 온전히 갖춘 사람이

* 'grow'를 보자. '성장하다'일 때는 주어만 필요하고, '~을 기르다'일 때는 주어와 목적어가 둘 다 필요하다. 본문에서는 '성장하다'라는 뜻이므로 목적어는 없어도 그만이다. 아울러 'the whole man'과 'the complete man' 사이에 찍힌 커마(,)는 동격을 나타낸다. 즉 동의어라는 뜻이다.

파생명사인 'encouragement'는 동사 'encourage'로 바꾸면 무엇을 장려하는 것인지 덧붙여야 한다. 따라서 'of'는 목적어신호가 된다. 무엇을 장려하는가? '성장하는 것growth'을 장려하는 것이다. 'of'가 두 번 나왔지만 각각 쓰임새는 다르다. 이처럼 같은 전치사가 주어신호나 목적어신호로 등장하는 경우가 있는데 이는 타당한 의미로 구분해야 한다.

DN encouragement(장려 ⇨ 장려하다) / **growth**(성장 ⇨ 성장하다)
OS of(성장의 ⇨ 성장하는 것을)
SS of(전인적인 사람의 ⇨ 전인적인 사람이)

25 That is only the education of one part of our nature.

nature 본성

That is only the education / 이는 가르치는 것일 뿐이다.(무엇을?)
of one part of our nature. / 본성의 일부를

* 파생명사는 'education'이다. 이를 교육하다(가르치다)로 전환하면 of는 목적어신호가 된다. 무엇을 교육하는가? '본성의 일부one part of our nature'다. 따라서 본문은 '이는 본성의 일부를 가르칠 뿐이다'라는 뜻이다.

DN education(교육 ⇨ 교육하다)
OS of(본성의 일부의 ⇨ 본성의 일부를)
SS ×

26 From this point of view there is no valid distinction between art and science.

valid 타당한
distinction 구별/구분

끊어읽기

From this point of view / 이런 시각에서 보면
there is no valid distinction / 타당하게 구분할 수는 없다
between art and science. / 예술과 과학을

* 'distinction between'은 동사구 'distinguish between'으로 바꿀 수 있다. 사실 between(among)은 주어를 암시하는 신호로 많이들 쓰는데 본문에서는 타동사 'distinguish'의 특성상 목적어신호로 쓰인 것이다. distinction between A and B = A와 B를 구분하다로 풀이하면 valid 는 '타당한'에서 부사로 바꾸어 이해하면 된다.

DN distinction(구분 ⇨ 구분하다)
OS between(예술과 과학 사이에서 ⇨ 예술과 과학을)
SS ×

27 At present, the UN acts when it has the consent of the parties involved.

present 현재
consent 동의
parties involved 당사자(국)

At present, / 현재

the UN acts / 유엔은 처신한다

when it has the consent / 동의할 때

of the parties involved. / 당사국이

* consent가 파생명사. 동의를 동의하다로 바꾸면 of는 동의하는 주체를 가리키는 주어신호가 된다. 누가 동의하는가? the parties involved가 동의한다. 이때 party는 당사자라는 뜻이지만 문장에 유엔이 등장하므로 당사자는 국가일 공산이 크다. 따라서 당사국으로 옮긴 것이다.

DN consent(동의 ⇨ 동의하다)

OS ×

SS of(당사국의 ⇨ 당사국이)

28 During the long struggle between capitalism and communism in the twentieth century, unlimited growth was the one assumption built into both ideologies that neither questioned.

struggle 투쟁
capitalism 자본주의
communism 공산주의
assumption 가정
built into ~에 들어가 있는
ideology 이데올로기
question 이의를 제기하다/추궁하다

During the long struggle / 오랜 세월 으르렁대는 동안(누가?)
between capitalism and communism / 자본주의와 공산주의가
in the twentieth century, / 20세기에
unlimited growth was the one assumption / 무한대로 성장한다는 것은 가설이었다
built into both ideologies / 두 이데올로기에 내재된
that neither questioned. / 둘 다 이의를 제기하지 않았던(가설)

* 파생명사는 struggle과 growth를 꼽을 수 있다. struggle은 '다툼'이라는 명사지만 이를 동사로 바꾸면 '다투다, 으르렁대다'로 옮긴다. 그러면 자연스레 주어신호가 보일 것이다. between은 앞서 말했듯이 대부분 주어신호로 많이 쓴다. '사이'에 얽매이지 말고 전체적인 아이디어를 파악하는 데 주력하다. 누가 다투는가? 자본주의capitalism와 공산주의communism다.

growth는 '성장'에서 '성장하다'로 풀이하면 unlimited는 형용사에서 부사로 전환되어 '무한히'가 타당할 것이다. 무한히 성장한다는 것은 하나의 가설이었다고 한다. 이 가설assumption은 'that neither questioned'가 뒤에서 수식하고 있다는 데 주의하자. neither은 둘 다 아니다(않다)는 전체부정이며 대상은 둘이므로 '자본주의'와 '공산주의'를 지칭할 것이다. 아이디어를 정리하면 '20세기에 자본주의와 공산주의가 서로 으르렁대는 동안 무한히 성장한다는 것은 두 이데올로기에 틀어박힌 가설로 둘 다 이의를 제기하지 않았다.'

DN struggle(다툼 ⇨ 다투다) / growth(성장 ⇨ 성장하다)
OS ×
SS between(자본주의와 공산주의 사이에 ⇨ 자본주의와 공산주의가)

29 Fully aware of the popularity of Freudian concepts in the advertising business, he told potential customers on Madison Avenue and Wall Street that he was not only a "psychologist from Vienna" but that he had lived on the very same street as Sigmund Freud.

aware 의식하는
popularity 인기
Freudian 프로이트의
concept 개념
potential 잠재적인

끊어읽기

Fully aware of the popularity / (그는he) 인기가 있다는 점을 잘 알았기 때문에

of Freudian concepts / 프로이트가 내세운 개념이

in the advertising business, / 광고업계에서

he told potential customers / 그는 잠재고객에게 말했다

on Madison Avenue and Wall Street / 매디슨 애비뉴와 월스트리트에서

that he was not only a "psychologist from Vienna" /
그는 '비엔나출신 심리학자' 일뿐 아니라

but that he had lived / 산 적이 있었다고

on the very same street / 같은 동네에서

as Sigmund Freud. / 지그문트 프로이트와

* fully aware of의 주어는 커마(,) 다음에 나오는 '그he'다. 분사구문의 주어는 커마를 유심히 살펴봐야 한다. 본문에서 파생명사는 'popularity' 이므로 이는 'be popular(인기가 있다)'에서 비롯된 것이다. 따라서 목적 어가 아니라 주어를 밝혀야 할 것이다. 무엇이 인기가 있었을까?

'Freudian concepts'이므로 'of'가 주어신호다. 문장이 길 때는 뒤에서 거꾸로 가지 말고 앞에서부터 아이디어를 차근차근 파악해 나가는 것이 무엇보다 중요하다. 본문의 아이디어를 정리하면 다음과 같다.

프로이트의 개념이 광고업계에서 인기가 있다는 점을 잘 알고 있던 그는 매디슨 애비뉴와 월스트리트에서 잠재고객에게 자신을 소개했다. "비엔나 출신의 심리학자"일 뿐 아니라, 지그문트 프로이트와 같은 동네에 산 적이 있다고 말이다.

DN popularity(인기 ⇨ 인기가 있다)
OS ×
SS of(프로이트 개념의 ⇨ 프로이트의 개념이)

---

30 Our free government, as we enjoy it, is the substitution of law for force, of argument for physical strife.

government 정부, 통치
substitute A for B A가 B를 대신하다
argument 토론, 논쟁
physical strife 물리적 갈등, 불화

끊어읽기

Our free government, / 자유로운 정부는
as we enjoy it, / 우리가 만끽하듯
is the substitution of law / 법이 대신한다
for force, / 무력을
of argument / 토론이(대신한다)
for physical strife. / 물리적인 갈등을

* 'substitute A for B'의 개념을 확실히 이해해야만 of 이하를 정확히 파악할 수 있다. substitute A for B는 A가 B를 대체한다는 뜻이다. 즉, B가 없어지고 A가 그 자리에 들어선다는 의미다. 이때 'substitute'를 'substitution'으로 바꾸면 of는 목적어신호가 된다. '법이 대신한다'에서 법은 의미상 주어가 맞지만 문장의 주어는 our free government이다.

본문을 동사구로 고치면 'substitute law for force, substitute argument for physical strife'가 되는데, 알다시피 'law'는 동사 'substitute'의 목적어가 되므로 'of'를 목적어신호로 봐야 한다는 것이다. 두 번째 of 앞에는 중복을 피하기 위해 'the substitution'을 생략했다.

'government'도 '정부'로만 알고 있지 말고 '통치'라는 뜻도 있으니 이를 파생명사로 본다면 '통치하다, 다스리다'로 봄직하다. 그렇다면 'our'는 주어신호가 될 것이다. 우리가 자유롭게 다스린다는 말(our free government)은 법이 무력을 대신하고, 토론이 물리적인 갈등을 대신한다는 말이기도 하다. "a government of the people, by the people, for the people"을 다시 떠올려보라.

DN substitution(대체 ⇨ 대체하다)
OS of(법의 ⇨ 법이 / 논쟁의 ⇨ 논쟁이)
SS ×

31 According to a recent report from the World Bank, the per capita production of garbage alone from urban residents in the world is now 2.6 pounds per person every day.

per capita 1인당
garbage 쓰레기
urban 도시의
resident 주민
per ~당

끊어읽기

According to a recent report / 최근 보고한 바에 따르면(누가?)
from the World Bank, / 세계은행이
the per capita production / 한 사람이 배출한다
of garbage alone / 쓰레기만을
from urban residents / 도시 주민이
in the world / 전 세계에서
is now 2.6 pounds per person every day. / 매일 2.6파운드씩

* 전치사 from이 둘 다 주어를 암시하고 있다. 파생명사는 'report'와 'production'이므로 각각 '보고하다'와 '배출하다'로 볼 수 있다. 'production'이 '생산하다'도 맞지만 쓰레기는 어감상 '배출하다'이 더 어울릴 것 같다. 누가 보고하고 누가 배출하는가? 세계은행the World Bank이 보고하고 한 사람per capita이 배출한다('per capita'는 '1인당'을 가리킨다). 무엇을 배출하는가? 쓰레기를garbage 배출하므로 'of'는 목적어신호가 될 것이다. 참고로 앞서 'per capita'를 썼기 때문에 'per person'은 중복된 표현이므로 쓰지 않는 편이 더 낫다. 그래도 앨 고어Al Gore는 글을 아주 잘 쓰는 편이다.

최근 세계은행이 보고한 바에 따르면, 전 세계 도시민이 매일 버리는 쓰레기는 1인당 2.6파운드(1킬로그램) 남짓 되는 것으로 나타났다.

DN report(보고 ⇨ 보고하다) **/ production**(배출 ⇨ 배출하다)
OS of(쓰레기의 ⇨ 쓰레기를)
SS from(세계은행으로부터 ⇨ 세계은행이 / 도시 주민으로부터 ⇨ 도시 주민이)

32 Although there have been some laudable efforts by many companies and cities to increase the recycling of waste, the total volumes are overwhelming the current capacity for responsible disposal practices.

laudable 칭찬할만한
effort 노력
recycling 재활용
volume 양
overwhelming 압도적인
disposal 처리
practice 관행

끊어읽기

Although there have been some laudable efforts /
노력해온 것은 칭찬할만하나(누가?)

by many companies and cities / 많은 기업과 도시가

to increase the recycling of waste, / 폐기물을 좀더 재활용하기 위해

the total volumes are overwhelming /(폐기물의) 총량은 압도하고 있다

the current capacity / 지금의 역량을

for responsible disposal practices. / 믿음직하게 처리할 수 있는

* by는 무조건 주어신호로 본다. 목적어로 쓰이는 경우는 본 적이 없고, 수동태에서 by를 주어로 쓰기 때문이기도 하다. 파생명사는 'efforts'와 'recycling'이다. 뒤에 붙은 전치사 by와 of는 성격이 각각 다르다. 'by'는 주어신호이고 'of'는 목적어신호니까. 'effort'는 '노력'에서 '노력하다'로, 'recycling'은 '재활용'에서 '재활용하다'로 바꾼다. 누가 노력하는가? 다수 회사와 도시가 노력한다. 무엇을 재활용하는가? 폐기물waste을 재활용한다. 초반에 현재완료(there have been)를 썼으니 노력해왔다고 처리한다.

본문은 시당국과 업계가 폐기물을 재활용하기 위해 노력해왔지만 쓰레기의 총량이 너무 많아 작금의 능력으로는 감당이 안 된다는 내용이다.

DN efforts(노력 ⇨ 노력하다) / recycling(재활용 ⇨ 재활용하다)
OS of(폐기물의 ⇨ 폐기물을)
SS by(수많은 기업과 도시에 의해 ⇨ 수많은 기업과 도시가)

33 According to the Organization for Economic Cooperation and Development, each one percent increase in national income produces a 0.69 percent increase in municipal solid waste in developed countries.

increase 증가
national income 국민소득
municipal 시의
solid waste 고형폐기물

According to the Organization for Economic Cooperation and Development, / 경제협력개발기구OECD에 따르면

each one percent increase / 1퍼센트 증가할 때마다(무엇이?)

in national income / 국민소득이

produces a 0.69 percent increase / 0.69퍼센트가 증가한다(무엇이?)

in municipal solid waste / 시에서 배출하는 고형폐기물이

in developed countries. / 선진국에서

* 명사 'increase'는 주어신호로 'in'을 많이 쓴다. 따라서 'increase in'은 '~이 증가한다'고 보면 된다. 증가하는 것은 각각 '국민소득national income'과 '고형폐기물solid waste'이다. 이때 'produce'는 신경 쓰지 않아도 된다. 명사인 increase를 동사의 의미로 전환하는 순간 'produce'의 의미까지 아울러 이해할 수 있기 때문이다. 명사를 쓰면 문장이 깔끔해지고 품격도 높아 보인다. 반복적인 필사로 문장을 내 것으로 만들어보자.

경제협력개발기구OECD에 따르면, 선진국에서 국민소득이 1퍼센트 증가할 때 시에서 배출하는 고형폐기물은 0.69퍼센트 증가하는 것으로 나타났다.

DN increase(증가 ⇨ 증가하다)

OS ×

SS in(국민소득 안에 ⇨ 국민소득이 / 고형폐기물 안에 ⇨ 고형폐기물이)

34 As people act out different roles, they sometimes alter their consumption decisions depending on the 'play' they are in.

role 역할
consumption 소비
depending on ~에 달려있는
play 각본/희곡

끊어읽기

As people act out different roles, / 사람들은 서로 다른 역할을 감당하듯
they sometimes alter / 때때로(바꾼다)
their consumption decisions / (그들은)(어떻게) 소비할지 결정한다
depending on the 'play' / '각본'에 따라
they are in. / 그들이 등장하는

* 명사 둘이 연이어 나왔다. 둘 다 파생명사지만 핵심을 이루는 명사는 단연 'decision(결정)'이다. '결정하다decide'의 목적어를 고르면 'consumption'이 되므로 '(어떻게) 소비할지 결정하다'로 파악하면 된다. 아울러 명사 'decision'을 동사로 전환시켰으므로 'alter(바꾸다)'는 신경 쓰지 않아도 뜻이 통한다. 앞선 'their'는 주어신호로 본다.

사람들은 서로 다른 역할을 감당하듯, 자신이 등장하는 '각본'에 따라 소비를 결정하는 경우도 더러 있다.

DN decisions(결정 ⇨ 결정하다)
OS consumption(소비 ⇨ 소비를)
SS their(그들의 ⇨ 그들이)

35 The struggle between capitalism and communism had taken on a new significance in the wake of Lenin's successful revolution in Russia ten years earlier and the establishment of the USSR.

<blockquote>
in the wake of ~의 여파로
significance 중요성/의미
revolution 혁명
establishment 확립
the USSR 소련
</blockquote>

끊어읽기

The struggle between capitalism and communism /
자본주의와 공산주의가 서로 투쟁하는 것은

had taken on a new significance / 중요성이 새롭게 부각되었다

in the wake of Lenin's successful revolution / 레닌이 성공적으로 혁명을 일으킨 후

in Russia ten years earlier / 10년 전 러시아에서

and the establishment of the USSR. / 그리고 소련이 확립된 이후

* 파생명사는 'struggle(투쟁)'과 'significance(중요성),' 'revolution(혁명),' 'establishment(확립)'로 넷이나 된다. 각각 동사(구)로 바꾸면 'struggle(투쟁하다)'과 'be significant(중요하다),' 'to start a revolution(혁명을 일으키다)' 및 'establish(확립되다).'

명사에 딸린 신호로는 'between'과 'Lenin's,' 'of(the USSR)'인데 의미를 생각하면 신호의 기능은 쉽게 파악할 수 있다. 누가 투쟁하는가? 자본주의와 공산주의다. 'be significant'는 단순하게 '중요하다'로 처리한다. 혁명은 누가 일으켰는가? 레닌이므로 's는 주어신호이고, 무엇이 확립되었는가? 소련이니 'of'는 주어신호가 될 것이다.

본문의 아이디어를 정리하면, 자본주의와 공산주의가 서로 투쟁하는 것은 레닌이 10년 전 러시아에서 성공적으로 혁명을 일으키고 소련이 확립되자 그(투쟁의) 중요성이 새롭게 부각되었다는 뜻이다.

DN struggle(투쟁 ⇨ 투쟁하다) / significance(중요성 ⇨ 중요하다)
　　revolution(혁명 ⇨ 혁명을 일으키다) / establishment(확립 ⇨ 확립되다)
OS ×
SS between(자본주의와 공산주의 사이에 ⇨ 자본주의와 공산주의가)
　　Lenin's(레닌의 ⇨ 레닌이) / of(소련의 ⇨ 소련이)

36 Unceasing effort is the price of success.

unceasing 끊이지 않는
price 값, 대가

끊어읽기

Unceasing effort is / 끊임없이 노력하는 것은
the price of success. / 성공하기 위한 대가다

* 파생명사는? 'effort'와 'success'로 노력하다와 성공하다로 전환한다. 이때 'unceasing'은 형용사지만 명사를 동사로 바꾸었기 때문에 동사를 수식하는 부사로 이해해야 한다. 본문은 줄기차게 노력해야 성공한다는 뜻이다.

DN effort(노력 ⇨ 노력하다) / success(성공 ⇨ 성공하다)
OS ×
SS ×

37 Self-distrust is the cause of most of our failures.

self-distrust 자기불신
cause 원인

끊어읽기

Self-distrust is the cause / 자신을 불신하는 것은 원인이다
of most of our failures. / 우리가 대부분 실패하는

* self-(하이픈)+명사로 연결될 때 'self'는 목적어신호일 공산이 크다. '자신을 어찌어찌하다'로 해석할 수 있다. 파생명사는 'distrust'와 'failures'이고 'our'는 주어신호가 된다. 우리는 자신을 믿지 못해서 실패하는 경우가 대다수다.

DN distrust(불신 ⇨ 불신하다) / **failures**(실패 ⇨ 실패하다)
OS self(자기 ⇨ 자신을)
SS our(우리의 ⇨ 우리가)

38 Over time, the zebra mussels have dramatically increased in population, threatening native mussels and clams by interfering with their reproduction, feeding, and movement.

over time 시간이 흘러
dramatically 엄청나게
threaten 위협하다
native 토종
zebra mussel 말조개
clam 홍합
interfere with ~에 끼어들다

Over time, / 세월이 흐르면서
the zebra mussels have dramatically increased / 말조개는 폭증해왔다
in population, / 개체수가
threatening native mussels and clams / 토종 조개와 홍합을 위협했다
by interfering /(수단) 훼방함으로써
with their reproduction, feeding, and movement. /
(토종 조개와 홍합이) 번식하고 먹이를 먹고 이동하는 것을

* 파생명사는 'reproduction'과 'feeding' 및 'movement'로 셋이다. 각
각 '번식하다'와 '먹이를 먹다,' '이동하다'로 전환한다. 이때 'their'는 토
종 조개와 홍합을 가리키고 의미상 주어로 쓰였다. 세월이 흘러 말조개의
개체수가 엄청나게 불어나자 이들은 토종 조개와 홍합이 새끼를 낳고 먹
이를 먹이고 이동하는 것을 훼방하며 이들을 위협했다.

DN reproduction(번식 ⇨ 번식하다) / feeding(먹이 ⇨ 먹이다)
　　movement(움직임 ⇨ 이동하다)
OS ×
SS their(그들의 ⇨ 그들이)

39 Social psychologists emphasize that altruism is not simply a
spontaneous or selfless expression of a desire to help.

emphasize 강조하다
altruism 이타주의
spontaneous 자발적인
selfless 사심 없는
desire 소욕

Social psychologists emphasize / 사회심리학자들은 강조한다
that altruism is not simply / 이타주의가 단지 ~은 아니라고
a spontaneous or selfless expression / 자발적으로 혹은 사심 없이 표현하는 것이
of a desire to help. / 돕고 싶어 한다는 것을

* 파생명사는 'expression'과 'desire'인데 'desire'은 'of'에 딸려있으므로 동사적으로 옮기되 목적어처럼 풀이하면 된다. '표현expression'을 '표현하다express'로 바꾸면 무엇을 표현하는지 밝혀야 한다. 무엇을 표현하는가? 'desire to help' 즉, '돕고 싶어 한다는 것을' 표현하는 것으로 이해하라. 'expression'을 수식하는 'spontaneous'와 'selfless'는 형용사지만 부사로 전환되었으니 '자발적으로 혹은 사심 없이'로 봄직하다.

사회심리학자가 강조하는 바에 따르면, 이타주의는 자발적이거나 사심 없이 돕고 싶어 한다는 것을 표현하는 것만은 아니라고 한다.

DN expression(표현 ⇨ 표현하다)
OS of(소욕의 ⇨ ~을 하고 싶어 한다는 것을)
SS ×

40 Client self-determination derives logically from the belief in the inherent dignity of each person.

self-determination 자결
derive from ~에서 비롯되다
inherent 타고난
dignity 품위

Client self-determination derives logically /
논리적으로, 의뢰인이 스스로 결정하는 것은
from the belief / 믿는다는 점에서 비롯된 것이다(무엇을?)
in the inherent dignity / 태어나면서부터 존엄하다는 것을(누가?)
of each person. / 각 사람이

* 'determination'은 'determine'에서 파생된 명사이므로 '결정하다'로
본다. 'belief in'의 원형은 'believe in'이므로 '무엇을 믿다'로 이해하면
문장의 큰 아이디어는 수월하게 파악될 것이다. 이때 'client'는 'self-
determination'의 주어 역할을 하고 있다. 논리적으로 따져볼 때, 의뢰인
이 스스로 결정할 권리는 사람이 태어나면서부터 존엄하다는 진리를 믿는
다는 데서 비롯된 것이다. 'self'는 대개 목적어로 많이 쓰이지만 본문에서
는 부사적인 의미로 활용되었다.

DN self-determination(자결 ⇨ 스스로 결정한다) / **belief**(믿음 ⇨ 믿다)
OS in(타고난 품위 안에 ⇨ 태어나면서부터 존엄하다는 것을)
SS client(의뢰인 ⇨ 의뢰인이)

41 Environmentalists object to the degradation of our planet on
aesthetic, moral, and pragmatic grounds.

degradation(가치) 저하
aesthetic 미학적인
moral 도덕적인
pragmatic 실용적인
ground 근거

Environmentalists object / 환경론자들은 반대한다
to the degradation /(가치가) 격하되는 것을(무엇이?)
of our planet / 우리 지구가
on aesthetic, moral, and pragmatic grounds. / 미학과 도덕 및 실용 면에서

* 'degradation'은 동사 'degrade'에서 파생된 명사이므로 이를 원형인 'degrade'로 전환한다. 무엇이 격하되는가? 지구(행성)가 격하되므로 'of'는 주어신호로 봄직하다. 목적어신호는 보이지 않는다. 본문을 정리하면 '환경론자들은 미학과 도덕 및 실용적인 면에서 지구의 가치가 떨어지는 것을 반대하고 있다'는 내용이다.

DN degradation(격하 ⇨ 격하되다)
OS ×
SS of(우리 지구의 ⇨ 우리 지구가)

42 The Effects of Trust on Patients' Recovery

effect 영향
recovery 회복

The Effects of Trust / 신뢰는 영향을 준다
on Patients' Recovery / 환자가 회복하는 데

* 명사구로, 엄밀히 문장은 아니다. 동사가 없기 때문에 '절(문장)'로 보기는 어렵다. 아이디어를 파악해 보면 파생명사는 'effect'와 'recovery'인데 둘은 'affect(영향을 주다)'와 'recover(회복하다)'에서 비롯된 어구다. 무엇이 어디에 영향을 주는가? '믿음trust'이 '환자가 회복하는 데' 영향을 준다. 그렇다면 누가 회복되는가? '환자patients'가 회복되므로 of와 's는 각각 주어와 목적어신호로 봄직하다. 본문을 풀이하자면, '믿는다는 것은 환자가 회복하는 데 영향을 준다. 즉, 믿어야 낫는다'는 이야기다.

참고로 '(주어)+have an effect on+(목적어)'를 떠올리면 'on'이하가 목적어신호라는 것을 금세 알 수 있다. 이를 명사구로 바꾸면 'an effect of+(주어) on+(목적어)'가 된다.

DN effects(영향 ⇨ 영향을 주다)
OS on(환자의 회복 위에 ⇨ 환자가 회복하는 데)
SS of(신뢰의 ⇨ 신뢰는) / 's(환자의 ⇨ 환자가)

43 Early depictions of Jesus, his mother, Mary, and the saints were destroyed.

depiction 묘사
saint 성인
be destroyed 파괴되다

끊어읽기

Early depictions / 일찍이 묘사한 작품은(무엇을?)
of Jesus, his mother, Mary, and the saints / 예수와 그의 모친 마리아 및 성인들을
were destroyed. / 파괴되었다

* 'depiction'은 'depict'에서 파생된 명사이므로 '묘사'를 '묘사하다(혹은 묘사한 작품)'로 풀이한다. 그럼 무엇을 묘사한 걸까? 이는 예수와 그의 모친 이하를 가리킨다.

DN depictions(묘사 ⇨ 묘사하다)
OS ×
SS of(예수와 그의 모친 등의 ⇨ 예수와 그의 모친 등을)

44 ... though this hasn't prevented violent repression and denunciation of the organization by government forces, landlords, hired guns and the media.

> prevent 예방하다
> repression 억압
> denunciation 비난
> forces 군대
> landlords 지주
> hired guns 살인청부업자
> media 언론

끊어읽기

... though this hasn't prevented / 이는 방지하지 않았지만
violent repression and denunciation / 난폭하게 억압하고 비난하는 것을
of the organization / 조직을
by government forces, landlords, / 정부군과 지주
hired guns and the media. / 살인청부업자와 언론이

* 전치사 'of'와 'by'가 딸려나오므로 명사의 이해가 부족한 독자라면 꽤 고민했을 법한 문장이다. 파생명사는 'repression'과 'denunciation'이 므로 이를 'repress(억압하다)'와 'denounce(비난하다)'로 이해해야 한 다. 이때 'of'와 'by'는 둘 다 주어신호로 쓸 수 있는 전치사지만 목적어는 'of'만 가능하므로 'by' 외에 다른 신호가 눈에 띄면 'by'가 우선적으로 주 어를 암시한다고 봐야 옳다.

앞서 언급했듯이 'violent'는 명사를 수식하는 형용사지만 명사를 동사 로 전환했으므로 형용사 또한 부사로 바꾸어 옮겼다.

DN repression(억압 ⇨ 억압하다) / **denunciation**(비난 ⇨ 비난하다)
OS of(조직의 ⇨ 조직을)
SS by(정부군과 지주 등에 의한 ⇨ 정부군과 지주 등이)

45 Land-use planning is a process of evaluating the needs and wants of the population.

> evaluate 평가하다
> precess 과정

끊어읽기

Land-use planning is / 토지를 이용하는 계획은
a process of evaluating / 평가하는 과정이다
the needs and wants / 필요한 것과 부족한 것을(누가?)
of the population. / 인구가

* 하이픈(-)으로 연결되는 원리는 원 포인트 레슨을 참조하라. 'use'가 파생명사이고 'land'는 목적어신호가 된다. '토지를 이용한다'가 사리에 맞기 때문이다. 아울러 'needs'와 'wants'도 동사 'need(필요하다)'와 'want(부족하다)'로 바꾸면 주어신호는 단연 'of'가 될 것이다.

토지를 이용하는 계획은 인구가 필요로 하고 부족한 것을(것이 무엇인지) 평가하는 절차를 두고 하는 말이다.

DN use(이용 ⇨ 이용하다) / **needs**(필요 ⇨ 필요하다) / **wants**(부족 ⇨ 부족하다)
OS land(토지 ⇨ 토지를)
SS of(인구의 ⇨ 인구가)

46 I see how admirable his treatment of me has always been.

admirable 존경할만한
treatment 대우/처우

끊어읽기

I see / 나는 안다
how admirable / 얼마나 존경스러웠는지
his treatment of me / 그가 나를 대하는(태도가)
has always been. / 늘 그래왔다

* 'his'와 'of'는 대부분 '~의'로 옮긴다. 그래서 독자는 혼란을 느끼기 일쑤다. '그의 나의 대우(?)'를 고집하니까 당최 감이 잡히질 않는 것이다. 이때는 'treatment'의 뜻도 헷갈릴지 모르겠다.

'He has treated me'를 명사구로 옮기면 본문과 같이 'his treatment of me'가 된다. 파생명사는 'treatment'이고 양 옆에는 주어와 목적어신호가 나란히 자리를 잡고 있다. 'his'는 '그가,' 'of me'는 '나를'로 정리한다. 그가 나를 대하는 태도는 항상 존경스러웠다는 것.

DN treatment(대우 ⇨ 대하다)

OS of(나의 ⇨ 나를)

SS his(그의 ⇨ 그가)

47 The demonstration of the impact of experience on brain growth was by Nobel Prize-winners Thorsten Wiesel and David Hubel.

demonstration 증명

끊어읽기

The demonstration of the impact / 영향을 준다는 것을 입증했다(무엇이?)
of experience / 경험이(어디에?)
on brain growth / 뇌가 성장하는 데(누가 입증했는가?)
was by Nobel Prize-winners / 노벨상 수상자인
Thorsten Wiesel and David Hubel. / 토슨과 데이비드가.

* 'impact,' 'influence,' 'effect'는 의미와 원리가 유사하다. 'of'가 주어신호이고 'on'은 목적어 기능을 암시한다는 점에서 그렇다. 파생명사는 'demonstration.' 즉, 입증했다. 무엇이, 무엇을 입증했는지 밝히기 위해 전치사 'of'와 'on'이 등장한다. (1) 경험이 영향을 준다는 것. (무엇에)(2)

뇌가 성장하는 데. 여기서 입증한 주체는 전치사 'by'로 처리되었다. 노벨 수상자인 TW와 DH라고 한다. 즉, 노벨상 수상자인 TW와 DH는 뇌가 발달하는 데는 경험이 영향을 준다는 사실을 입증했다는 뜻이다.

DN demonstration(증명 ⇨ 증명하다) / impact(영향 ⇨ 영향을 주다)
　　growth(성장 ⇨ 성장하다)
OS on(뇌 성장에 관해 ⇨ 뇌가 성장하는 데)
SS of(경험의 ⇨ 경험이) / by(노벨상 수상자에 의해 ⇨ 노벨상 수상자는)
　　brain(뇌 ⇨ 뇌가)

48 The prime minister's landslide victory will solve only some of Japan's problems.

landslide victory 압승
prime minister 총리

끊어읽기

The prime minister's landslide victory / 총리는 압도적으로 승리했다
will solve only some / 일부만 해결할 것이다
of Japan's problems. / 일본의 문제를

* '압승'을 'landslide victory'라 한다. 빈출어구이니 꼭 암기해두기 바란다. 본문에서 파생명사는 victory. '승리'를 '승리하다'로 바꾸면 누가 압승했는지가 궁금해질 것이다. 총리가 압승했다고 하니 's는 주어신호가 될 것이다. 문장의 핵심 주어는 'victory(승리).' 물주구문(무생물이 주어)이므로 부사적으로 풀이해야 자연스럽게 와 닿는다. 'only'라는(다소) 부

정적인 어감 때문에 '승리했지만'으로 처리한다.(선거에서) 총리가 압도적으로 승리했어도 일본이 안고 있는 문제는 일부만 해결될 것이다.

DN victory(승리 ⇨ 승리하다)
OS ×
SS 's(총리의 ⇨ 총리가)

49 They frequently say and do stupid things, thus revealing their own lack of knowledge about how to act in public.

끊어읽기

They frequently say and do / 그들이 자주 하는 소리와 짓거리는
stupid things, / 멍청한 것들이다
thus revealing their own lack / (그러다 보니) 그들이 부족하다는 것이 여실히 드러난다
of knowledge about / ~에 대한 지식이(~을 잘 모른다는 것)
how to act in public. / 사람들 앞에서 어떻게 처신해야 할지

* 파생명사는 'lack'과 'knowledge'이다. 둘을 동사로 전환하면 'lack'의 주어신호는 'their'이고 'knowledge'의 목적어신호는 'about'으로 처리한다. 본문에서 'own'은 강조하는 뉘앙스로 보면 된다. 'their lack of knowledge'는 'They really don't know well' 정도로 옮길 수 있겠다.

멍청한 소리와 멍청한 짓을 자주 저지르는 것을 보니 사람들 앞에서 어떻게 처신해야 할지 잘 모르는 게 뻔하다.

DN lack(부족 ⇨ 부족하다) / **knowledge**(지식 ⇨ 알다)
OS about(~처신하는 요령에 대해 ⇨ 처신하는 요령을)
SS their(그들의 ⇨ 그들이)

50 The months from October 1990 to January 1991, therefore, brought numerous and hectic efforts by the Soviet and French governments to initiate negotiations and head off an outbreak of hostilities.

numerous 수많은
hectic 열띤
initiate 개시하다
negotiation 협상
head off 차단하다
outbreak 발생(전쟁, 전염병 등)

끊어읽기

The months from October 1990 to January 1991, /
1990년 10월부터 1991년 1월까지

therefore, / 그래서
brought numerous and hectic efforts / 숱하게 엄청 노력했다(누가?)
by the Soviet and French governments / 소련과 프랑스 정부가(왜?)
to initiate negotiations / 협상하려고
and head off an outbreak / 그리고 발생하는 것을 막으려고(무엇이?)
of hostilities. / 전쟁이

* 'by'는 목적어신호가 될 수 없으므로 무조건 주어신호 1순위다. 'efforts'가 파생명사니 이를 동사로 바꾸면 'numerous'와 'hectic'은 부사로 처리, 이때 'brought'는 신경 쓰지 않아도 된다. 누가 노력했는가? 소련과 프랑스 정부다. 왜? 협상하려고. 'negotiations' 또한 '협상'을 '협상하다'로 보면 'initiate'의 뜻은 굳이 몰라도 되지만 문장을 쓸 때는 이야기가 달라진다. 'initiate negotiations'를 알아두어야 작문이 가능할 테니까.

'outbreak'은 대개 전쟁이나 전염병 혹은 질병 따위가 발생할 때 자주 쓰는 어구다. 동사구는 'break out'이고 이를 명사로 바꾸면 'outbreak'이 되는 것이다.

DN efforts(노력 ⇨ 노력하다) / outbreak(발생 ⇨ 발생하다)
　　 negotiations(협상 ⇨ 협상하다)

OS ×

SS by(소련과 프랑스 정부에 의해 ⇨ 소련과 프랑스 정부가) / of(전쟁의 ⇨ 전쟁이)

One Point Lesson

A before **B**
= **A** be followed by **B**

She gets up *before* the sun rises.

* "A before B"는 두 가지 해석이 가능하다. 따지고 보면 같은 말인데 순차적으로 하느냐 뒤에서 거슬러 올라가느냐의 차이라고 보면 된다.

before = (be) followed by

즉, 'following'과 'followed by' 혹은 'before(after)'가 나오면 순서가 중요하다는 점을 염두에 두라.

1. 순차적으로 갈 때 A하고 나서 B하다
⇨ 그녀가 일어난 후 해가 뜬다.

2. 거슬러 올라갈 때 B하기 전에 A하다
⇨ 해가 뜨기 전에 그녀가 일어난다.

I brushed my teeth *after* I ate supper.

1. 순차적으로 갈 때 A하기 전에 B하다
⇨ 양치질을 하기 전에 저녁을 먹었다.

2. 거슬러 올라갈 때 B한 후에 A하다
⇨ 저녁을 먹은 후에 양치질을 했다.

1. He spent his early life in Sri Lanka *before* moving to England.

2. This *was followed by* a period of decline that shrank the number to twelve by the beginning of World War II.

3. After 1945, the second wave of democratization swelled the number of democracies to thirty-six, but once again this expansion *was followed by* a decline to thirty from 1962 until the mid-1970s.

4. These soils are highly erodible and the results are predictable low yields, *followed by* soil erosion on a massive scale.

5. China is both the largest importer of coal in the world(*followed by* Japan, South Korea, and India) and the largest producer of coal, by far—producing half of the world's coal, two and a half times more than the U.S.

6. In fact, **after** reading declined following the introduction of television, it has now tripled in just the last thirty years because the overwhelmingly dominant content on the Internet is printed words.

7. Follow the crowd and you will never **be followed by** a crowd.

8. Potatoes are still the most popular food, **followed by** white bread.

9. Yesterday morning I saw two ducks, **followed by** a gaggle of geese in the afternoon, followed by a swan in the evening. All told, it was a bird-filled day for me.

10. Since one cannot die unless one has been born, birth, which must precede death, **is followed by** death eventually.

1. He spent his early life in Sri Lanka before moving to England.

끊어읽기

He spent his early life / 그는 젊음을 보냈다
in Sri Lanka / 스리랑카에서
before moving to England. / 그러고 나서 잉글랜드로 이사했다

⇨ 그는 스리랑카에서 젊음을 보내고 나서 잉글랜드로 왔다.

2. This was followed by a period of decline that shrank the number to twelve by the beginning of World War II.

끊어읽기

This was followed by a period of decline / 이것 다음에는 감소기가 찾아와
that shrank the number to twelve / (민주주의 국가의) 숫자는 12까지 감소했다
by the beginning of World War II. / 2차 대전 초에

⇨ 이후 감소세가 이어져 2차 대전 초에는 (민주국가의) 숫자가 12까지 감소했다.

3. After 1945, the second wave of democratization swelled the number of democracies to thirty-six, but once again this expansion was followed by a decline to thirty from 1962 until the mid-1970s.

After 1945, / 1945년 후

the second wave of democratization / 두 번째 민주화 물결은

swelled the number of democracies / 민주국가의 숫자를 크게 늘렸다

to thirty-six, / 36개국으로

but once again this expansion was followed / 그러나 증가하고 나서는 다시

by a decline to thirty / 30개로 감소하고 말았다

from 1962 until the mid-1970s. / 1962년~1970년대 중반까지

⇨ 1945년 이후, 2차 민주화 물결로 민주국가는 36개국으로 크게 증가했으나, 증가한 expansion 후로는 1962~1970년대 중반까지 다시 30개국으로 감소했다.

4. These soils are highly erodible and the results are predictable low yields, followed by soil erosion on a massive scale.

끊어읽기

These soils are highly erodible / 토양은 침식 가능성이 높아

and the results are predictable / 결과는 예측할 수 있었다

low yields, followed by / 이를테면, 저조한 생산성 다음에는

soil erosion / 토양이 침식하게 될 거라는 이야기다

on a massive scale. / 엄청난 규모로

⇨ 토양이 침식할 가능성이 높다보니 결과는 빤했다. 이를테면, 생산성이 낮아지고 나서 토양이 엄청난 규모로 침식하게 될 터였다.

5. China is both the largest importer of coal in the world(followed by Japan, South Korea, and India) and the largest producer of coal, by far—producing half of the world's coal, two and a half times more than the U.S.

끊어읽기

China is both the largest importer of coal / 중국은 최대 석탄 수입국이다
in the world / 전 세계에서
(followed by Japan, South Korea, and India) / 그 뒤로는 일본과 한국 및 인도 순이다
and the largest producer of coal, by far / 석탄을 가장 많이 생산한다
—producing half of the world's coal, / 전 세계 석탄의 절반이자
two and a half times more than the U.S. / 미국보다 2.5배 더 많이 생산한다

⇨ 중국은 전 세계에서 석탄을 가장 많이 수입하기도 하지만(그 뒤로는 일본과 한국 및 인도 순이다) 석탄을 가장 많이 생산하는 국가이기도 하다(전 세계 석탄의 절반인 즉, 미국보다 2.5배 더 많이 생산한다).

6. In fact, after reading declined following the introduction of television, it has now tripled in just the last thirty years because the overwhelmingly dominant content on the Internet is printed words.

In fact, / 사실

after reading declined / 독서량이 감소한 후

following the introduction of television, /

(독서가 감소하기 전에는) 텔레비전이 보급되었다

it has now tripled / 독서량은 3배 증가했다

in just the last thirty years / 지난 30년간

because the overwhelmingly dominant content / 대다수의 콘텐츠가

on the Internet / 인터넷에 떠다니는

is printed words. / 인쇄되어 나오기 때문이다

⇨ 사실 텔레비전이 보급된 후 독서량은 감소했으나, 지난 30년 동안에는 3배나 증가했다. 인터넷에 떠다니는 콘텐츠 대다수가 인쇄되어 나왔기 때문이다(following = after).

7. Follow the crowd and you will never be followed by a crowd.

끊어읽기

Follow the crowd / 군중(의 뒤를) 좇아다녀봐라.

and you will never be followed by a crowd. /

그러면 네 뒤에 군중이 오진 않을 것이다(군중을 이끌진 못할 것이다)

⇨ 군중을 좇아다니면 네 뒤에 군중이 오진 않을 것이다(군중을 이끌진 못할 것이다).

8. Potatoes are still the most popular food, followed by white bread.

끊어읽기

Potatoes are still the most popular food, / 감자는 지금도 가장 인기 있는 간식이다
followed by white bread. / 감자 다음으로는 식빵을 꼽는다

⇨ 감자는 지금도 가장 인기 있는 간식이고 감자 다음으로는 식빵이 꼽힌다.

9. Yesterday morning I saw two ducks, followed by a gaggle of geese in the afternoon, followed by a swan in the evening.

끊어읽기

Yesterday morning / 어제 아침
I saw two ducks, / 나는 오리 두 마리를 봤다
followed by a gaggle of geese / 뒤로 거위들이(오리를) 따라 가더라
in the afternoon, / 오후에
followed by a swan / 그 뒤로 백조가 따라붙었다
in the evening. / 저녁에는

⇨ 어제 아침 오리 두 마리를 봤는데, 오후에는(오리 뒤로) 거위들이 따랐고 저녁에는(오리 뒤로) 백조가 따라 붙더라.

10. Since one cannot die unless one has been born, birth, which must precede death, is followed by death eventually.

끊어읽기

Since one cannot die / 사람은 죽을 리 없다
unless one has been born, / 태어나지 않았다면
birth, which must precede death, / 따라서 탄생은 죽음보다 앞에 있어야 하며
is followed by death eventually. / 그 다음에는 결국 죽음이 뒤따르게 되어있다

⇨ 사람은 태어나지 않으면 죽을 리가 없으므로, 탄생은 죽음보다 앞에 있어야 하며 결국에는 죽음이 뒤따르게 되어있다.

유지훈

투나미스 독립 출판 대표 | 전문번역가

수원에서 최중고대학을 졸업했다(영문학 전공). 영어를 가르치다가 번역서 한 권에 번역가로 전업했고, 번역회사를 거쳐 출판사를 창업했다.

저서로 『남의 글을 내 글처럼』과 『베껴쓰기로 영작문 3.0』 등이 있으며, 옮긴 책으로는 『어린왕자 필사노트(영어)』를 비롯하여 『나는 좋은 사람이기를 포기했다』, 『가이 포크스 플롯』, 『탈무드 피르케이 아보트』, 『왜 세계는 가난한 나라를 돕는가?』, 『전방위 지배』, 『퓨처 오브 레스』, 『맨체스터 유나이티드』, 『미 정보기관의 글로벌 트렌드 2025』, 『걸어서 길이 되는 곳, 산티아고』, 『베이직 비블리칼 히브리어』, 『팀장님, 회의 진행이 예술이네요』외 다수가 있다.

명사독파
영어의 싱크홀의 채우는 힘

발 행 인 유지훈
글 쓴 이 유지훈
펴 낸 곳 투나미스
교정교열 편집팀
전화팩스 031-244-8480(겸용)
초판발행 2019년 06월 30일(1쇄)
초판인쇄 2019년 06월 20일
출판등록 2016년 06월 20일
홈페이지 http//www.tunamis.co.kr
이 메 일 ouilove2@hanmail.net
I S B N 979-11-87632-73-3(13740)(종이책)
I S B N 979-11-87632-75-7(15740)(전자책)
가   격 13,500원(종이책) | 8000원(전자책)

—